プロカウンセラーの
人づきあいがすっごくラクになる共感セラピー

一直以來，都沒有好好擁抱自己

從負面情緒找回與人相處的自信

心理學博士
古宮 昇／著
饒麗真／譯

八方出版

你曾想像過自己的人際關係比現在輕鬆百倍嗎？

即使與人別離，
即使發生豈有此理的事、
即使遭人攻擊、

也不再如以往一般煩躁不安、
被耍得團團轉，
不再認爲「都是那傢伙害的」，
而能心平氣和。

早晨睜眼醒來，身體輕鬆無比，
又有預感快樂的一天即將開始。

無須隱藏自己的眞心，
能保有天眞浪漫的自己。

這本書是能讓你成爲那種「我」的書。

即使此刻你處境嚴峻，
本書也會讓你察覺有人在爲你擔心。

並且，
本書是本能讓你察覺至今爲難你的人，
其實將會成爲支持你自己的人的書。

但是，
現在你也許覺得
難以置信怎麼可能會有那種事。

不過沒關係。
藉由活用本書所傳達的智慧，
會讓你自然而然地萌生發自內心的愛與感激別人的心，
湧現活出自我人生的充實感。

在本書中，

爲有效療癒你的「內心傷痛」

及改變與之糾結的「信念」，

會傳授你自己進行有效的

「治癒幼時創傷的療法」及

「『德馬蒂尼法則』＝正負法則」。

透過一件件地踏實執行，
你會確實感到自己在逐漸改變，
而你的人際關係也會變得愉悅而豐富。

並且，
我保證你的未來
會比現在更加光明而快樂。

那麼，
我們馬上一起開始著手吧！

前言　從根本解決你的疲累

人際關係好累人！

「處處費心真累人……。」
「老是在意別人的眼光……。」
「我寂寞……孤單……。」
「人際關係真麻煩！」

很多人都有這種煩惱。工作看似活力十足的社會人士、全力撫育孩子的好母親，也都會對人際關係感到負擔、對家庭關係不睦感到苦惱、因人與人的關係而受傷。

你是否也有同感？

當我們因人際關係而煩惱時，會想方設法以茲改善，然而卻總是不如人願。

讓我們來看看一些那樣的例子吧。

假設你因為在意別人的眼光，而努力「不希望讓別人覺得我不好，因此要謹言慎行」。

於是，你就會費心想說「要怎麼做才不會讓這個人覺得我不好呢？」、「我要怎麼對那個人說才好呢？」。

而且，即便如此費神，也還是會因為對方的一個小小的舉動，心想「他是不是討厭我？」、「他是不是覺得我不好？」就無比在意。因此就變得焦慮不安，無法擺脫那種循環⋯⋯。

由於孤單，故而心想「因為寂寞，所以要努力讓別人喜歡自己」。

因此，努力謹言慎行以討人喜歡；注重打扮、總是笑臉迎人、表現得陽光開朗。但即使因而與人相處融洽，自己內心也明白那是戴上面具的自己在與人打交道。

所以內心覺得「人們喜歡的是戴著面具的我，沒有人能懂真正的我」。是以即便表面與人相處得圓融，內心仍然倍感孤獨。

因為煩東煩西實在太累人，所以你就想說「想太多，累死人了。儘量不要去想了」。

然而，即使那樣費心留意，卻仍然煩悶於心。於是「到頭來，要自己儘量別悶悶不樂想不開都辦不到，感覺自己很沒用」而厭惡自己⋯⋯。

許多人明明都這樣小心翼翼、這樣努力了，卻依然擺脫不了人際關係的痛苦與負擔。

無法順利解決的原因爲何？

我明明很努力了卻為何無法順利解決？有沒有更好的辦法呢？

你不就是那樣想才拿起這本書的嗎？

無法順利解決的原因，在於你沒有徹底解決煩惱的根源。

因為根本原因遭到擱置，即使試圖以表面上的、形式上的方法來尋求應對也無法順利解決「我該怎麼辦才好呢？」的問題。

但若明白根本原因，你就會看到超乎想像的好方法勝過重複行不通的做法。

本書會點醒你問題的根源以及解決它的辦法。

並且可以幫助你讓你的人際關係變得更輕鬆、更幸福。

我是一名擁有心理學博士學位的專業諮詢師

現在來談談我的事。

我擁有（美國）國立密蘇里大學哥倫比亞分校的心理學博士學位，並具有公認心理師、臨床心理師資格的專業諮詢師。

迄今為止，我在日本、美國與紐西蘭，總共長達二十八年、幫助過大約六千多人治療他們的心理問題。

我在擔任美國的精神科醫院、日本與美國的大學心理諮詢室、身心科診所等職務後，現在於我自行開業的心理諮詢室從事心理諮詢的工作。

很多人運用了我的諮詢，使得人際關係變得幸福無比，大大地改變了他們的人生。

並且我也提供以專業諮詢師為對象的個別輔導和培訓。

再者透過我身為專業諮詢師的眾多援助經歷與學習，並從自身的痛苦經驗中，我找出了人際關係的真正目的、困難和痛苦的原因，以及解決的方法。

我也曾受人際關係之苦

不過實際上，過去我也曾為人際關係所苦。

聽母親說，在我幼時，父親都把微薄的薪水花在酗酒與賭博上，有時甚至還不回家。

那是一個因經濟高度成長而富裕的時代，但我母親處在貧困的生活中，因為沒有東西可以吃，因此總是餓著肚子，也分泌不出什麼奶水。

孤獨的母親因身邊還有幼小的妹妹與我，於是就罹患了「育兒精神官能症」。

那是在我一家人居住的廉價小公寓發生的事。

有天早上，父親掀開我們那又薄又硬的棉被時，竟然發現一把尖菜刀！那把尖菜刀就放在一歲的我與剛出生的妹妹所睡的墊被及破破爛爛的榻榻米之間。

把尖菜刀藏在那裡的人是我母親。

她大概是打算殺了幼小的妹妹與我，然後自己再自殺吧。

父親急忙帶著我母親去看心理醫生。儘管有段時間，我父親為監視我母親，沒去工作而待在家裡，但我母親仍然曾經抱著幼小的我與妹妹站在車站的月台上。

她告訴長大成人的我說，當時她腦中朦朦朧朧地想「如果就這樣跳下去會變得多輕鬆啊……」。

離開雙親過生活

當時我貧窮的父母兩人都在工作。

我母親一大早就去大戶人家當幫傭，而後到公司當辦事員，晚上去清掃大樓。因為整天都在工作，所以沒有餘力照顧我和我妹妹。

於是三歲的我和兩歲的妹妹就被寄養到祖父母家。

忙碌的父母很少來看年幼的我與妹妹，偶爾來時我們就一起度過短暫而愉快的時光。

不過我至今仍清晰記得，之後當我父母要回都市時，看著雙親在傍晚時分漸漸變小的身影，我仍然一直不停地揮手。

那是在我成年後接受心理諮詢時發生的事。

突然，有種孤寂湧上我的心頭。我靜靜地感受那種孤寂，隨即發現那種孤寂是我遠離父母生活時所感受到的強烈孤獨感。

儘管當時的我並不明白那種被壓抑的孤獨，但它給我的人際關係帶來了負面的影響。

我變成了一個感情遲鈍、不知感動為何物的孩子。沒有躍躍欲試的心，也沒什麼朝氣。因為害怕以原本面貌與人接觸，所以我封閉了自己的心。

父母離異

我五歲時與妹妹一起回到了父母身邊。在悠閒的鄉村，被豁達開朗的爺爺奶奶撫養的生活瞬時改變了。在都市裡一間廉價的小公寓裡，再度開始與經常吵架的父母過著不睦的生活。

感情不睦的雙親，在我剛上小學時離了婚。父親離家而去，加劇了母親的不安與焦慮。

母親罵我「笨蛋！」、「阿呆！」、「膽小鬼！」，甩我巴掌，還把菜刀壓在我的手指上。

我想起我曾經獨自哭泣想說「自己真是個不幸的孩子」。

我變成了個膽怯又畏縮的小孩，神經質地養成了咬指甲的習慣。身體枯瘦而孱弱，時常蹺課去保健室睡覺。

而後，我成了霸凌的箭靶

我在小學及國中時都被霸凌過，無緣無故就被人拳打腳踢、被人瞧不起……。霸凌者看穿了我缺乏自信與畏縮，所以把我視為箭靶。

我變得討厭上學，也沒什麼朋友。

那是我國中三年級時的事，發生了一件令我震驚得至今仍然無法忘懷的事。

結業典禮後，我打開成績單一看，班導所寫的評語映入我眼簾。

「不知道這學生在想什麼」

我的老師是那樣看待我的。

我很傷心，只是面無表情不讓任何人看出我的悲傷……。

成年後，戀愛也不順利。我很少有約會的機會，偶而去約會時，我就會想說「我過得開不開心都無所謂，對方過得開不開心才重要」。

那**聽來似乎很重視對方，其實是「對方如果過得開心，我才有身為男人的價值」之隱藏心情的寫照。**

我犧牲自己的喜悅與快樂以確認我身為一個男人的價值，因此，我只在意能否獲得對方的青睞。跟那樣的我在一起，對方女性應該也不會覺得快樂。

透過心理諮詢獲得療癒與成長

上大學後，我開始接受心理諮詢。透過心理諮詢，我面對了我自己，治癒了自己也未曾清楚意識到的內心創傷，因而有了成長。

於是在我感覺喜歡上自己的同時，心情的起伏也隨之變少，人際關係方面的問題也大幅降低，變得輕鬆而豐富。三十歲過後，我第一次有了女朋友。

自那時起，為時二十餘載，在諮詢師及治療師等專業人士的支援下，我著手致力於療癒與成長。

令人感激的是，我的家庭關係與社會人際關係都很和諧，讓我得以全心投入自己感受到熱情的工作，並且過得很幸福。

從這本書你可以得到的收穫

本書是專為「希望把人際關係打造得更輕鬆、更愉悅、更豐富」的你所執筆。

人際關係致人痛苦的真正原因何在呢？

那是孩提時內心的苦楚與從那種苦楚的經歷中所產生的一種下意識信念。

透過本書，在我傳授你從我多年專業諮詢師的經驗、心理學的研究、自己個人的成長及改變的經驗中，所得知之造成人際關係痛苦的真正原因的同時，也會傳授你解決其原因的兩種自行療癒方法。

我說的兩種療法是**「治療內在傷痛的療法」**及以**睿智的力量消除痛苦原因的「德馬蒂尼法**

則」，亦即「同理心療法」。

在「治療內在傷痛的療法」中，你成為溫和的父母，灌注滿滿的愛給平常不會注意到、但卻存在於每個人心中的孩提時受傷的自己。

在「德馬蒂尼法則」中，我會幫助你發現「自己一直被愛所包圍、什麼都沒欠缺」。當你發現它時，就能從根本弭平你心中的痛楚。

本書會詳細傳授我在面對面以及線上課程所提供的療法，得以讓你自行演練。

許多客戶藉由這種療法改變了自己的生活，我收到了如下許多喜悅和感激的聲音。

「以前我想弭平痛苦所做的事，是多麼地表面與短暫，無法從根本改變。但得到醫生的幫助，我得以解放自己心中的芥蒂，人際關係的痛苦變得輕鬆了。我從未能如此平靜而自在地過生活。由衷感謝您。」

「儘管以前我學了各式各樣的方法，接受過心理諮詢，但仍感到窒礙難行。不過，藉由這種療法，人際關係變得快樂得令我不敢置信！」

「以往我會感到心情沮喪、不安、沒有自信，但現在煩躁不安都消失不見了，我覺得神清氣爽，

也能心平氣和地待人處世了。」

以上等等，大家的每一天確實開始起了變化。

本書所傳授的兩種方法雖然截然不同，但都是你馬上就能辦到的，請務必兩種方法都要踏踏實實地重複演練喔。

演練做得愈多，**你的人際關係就會變得愈輕鬆、愉悅而充實，也會變得比較喜歡自己，心情也比以往穩定**。

而你人生的方向，會往上提升到你真正想過的人生。

來、讓我們一起踏上那段旅程吧！

——光輝心理諮詢室代表 古宮昇

目錄

共鳴療法─❷ 理解「療癒」與「成長」的眞正含意
何謂讓狀況惡化的正面思考？

共鳴療法—❸ 察覺妨礙解決的「抵抗勢力」

將「內心的黑暗」化爲力量

實踐篇

共鳴療法—❹ 以「治癒兒時內心傷痛的療法」來消除內心的傷痛

從內心接近自己

共鳴療法—❼ 建立自我的人際關係

「德馬蒂尼法則」的做法②

共鳴療法—❽ 將「德馬蒂尼法則」的睿智應用於日常生活中
核心生活的啓示

深入篇

熱身篇

共鳴療法 ❶

得知過去未曾察覺之「內心傷痛」的存在

忍耐 · 憤怒 · 與父母親的關係

別再想是「某人的錯」、「某事的錯」

我們的煩惱幾乎都起源於人際關係。
不過，只看問題表面，試圖權宜解決乃行不通之舉。
了解問題的原因才是解決的第一步。所以回顧自己的內心很重要。
因此，在第一章，就先來解開我們心裡的枷鎖吧。

活在這世上我們就會面臨各種煩惱。當我們因煩惱而痛苦時，就會相信煩惱源自於自己以外的某個人、或某件事。

「都是因為我先生不支持我啦。」
「都是因為有人說我壞話啦。」
「都是因為我上司太不講理啦。」

「都是因為薪水太少啦。」
「都是因為小孩拒絕上學啦。」
等等。

不過，就我身為專業諮詢師以及從我致力於解決自身的煩惱與痛苦的經驗得知，我們之所以陷入不安、感到受傷、變得孤獨、受到難以重新振作的衝擊、痛苦萬分，其真正原因幾乎都源自於過去所受的心傷及痛楚。

讓我們來看看那些例子吧。

為何她無法向前邁進？

美里小姐是名二十六歲的上班族女性，因為被男友甩了而變得膽怯，無法再談新的戀情。所以為此苦惱之餘，她來尋求我線上諮詢的協助。美里小姐訴說她怨恨甩了她而選擇其他女性的前男友，因為前男友的關係害她變得不信任男人。

若因失戀而痛苦難當，變得膽怯乃理所當然。但若因被甩的悲傷就變得無法再談戀愛、由於害怕與異性變得親密而持續逃避新戀情的話，其原因就並非出在被前男友所甩。

如果真是只因如此，應該只會變得不信任甩掉自己的前男友而已。因為世上本就存在有可以信任的異性與不能信任的異性，若只因被一名異性所甩，就變得無法相信世上所有異性的話，那就是一種極端與非現實的反應。

而之所以會出現那種非現實的反應，原因並非出自被前男友甩掉本身，而是因為由於失戀，那一直處於內心深處、你認為被重要之人背叛的痛苦與憂傷醒轉而來的緣故吧。

你認為如何呢？雖然我這裡是以戀愛的煩惱為例，但並不只限定於戀愛的煩惱而已。

以我身為專業諮詢師的經驗，與前來諮詢的他・她探尋目前痛苦的根源，必定會出現過去那未被治癒的內心傷痛。

內心傷痛一直在尋求可以為人解決，而若內心傷痛一旦解決，那人將會活得比以往更加自由、更像自己、更加神采奕奕。

痛苦的原因藏在這種細節裡

我們在孩提時代就會形塑出「世界是這樣的地方」、「人就是這樣」、「我就是這樣的人」之基本信念。

那時我們強烈追求的是，原有的我受到父母重視、被疼愛、感受到父母穩定且無條件的愛而能安心過生活。

但是既無完美的父母，也不可能有完美的育兒方式。我們即使有些許差異，大都會經歷過相信「若不當個符合父母期待的好孩子就不會受到疼愛」、「如果表現出自己真正的感情、想法及好惡的話，就會被拒於千里之外」這樣的經驗而成長。

美里小姐就是其中一例。她與我一起透過心理諮詢，探尋「無法相信異性」、「害怕得無法談戀愛」的痛苦。

於是，在她孩提時代所成形之「結果我還是會被拋棄」、「我毫無被愛的價值」、「我不具任何魅力」、「沒有人真正關心我」這種連美里小姐自己本身都未曾察覺的隱藏信念，以及伴隨著那種信念的強烈悲傷、孤獨感、自卑感等湧上她的心頭。

由於美里小姐心裡存有那種自己也沒有意識到的信念，因此至今已重複過多次與那種拋棄自己的人結緣、下意識做出那種被人拒之於外的舉動。

而實際上被拒之於外時，藏在內心深處年幼時被父母拒之於外的強烈恐懼與孤獨就湧上心頭。

亦即，美里小姐失戀的痛苦及對異性的不信任感，乃起因於童年時形塑成導致不幸的隱藏信念與伴隨著那種信念所產生的痛苦情感，因失戀所受的刺激而形之於外。

猶如美里小姐一般，我們於現在的生活中所經歷的苦楚，乃植基於孩提時代經歷過的某種痛苦情緒，而當我們為內心傷痛所苦時，事實上是一直深處內心的年幼的自己在畏懼、哭泣、憤怒。

持續「總之先避開」的心態會產生之現象

人生不會給我們保證。今後是否會成功、是否會如你所願都不得而知，因而理所當然活著時就會感到不安，我把它稱之為「現實的不安」。例如運動選手在賽前感到的不安即是現實的不安，因為有可能輸掉比賽。若是現實的不安，就可以實際因應，不會過度膨脹來使我們感到痛苦。

相對的，**產生痛苦的原因在於「因內心傷痛而導致的不安」**。

因內心傷痛而導致的不安，乃植基於過往心痛的經驗，非現實的過度不安。因創傷而導致的不安令人感到痛苦，它會產生破壞性的有害結果（[1]參照本書末尾，以下至8皆同）。

但是我們卻相信因創傷而導致的不安乃現實的不安。我們自己之所以感到不安，是因為我們相信，造成不安的最主要理由乃在於它存在於現實當中。

那時，是因為我們不明白自己內心過去所遭遇的苦楚導致現在的不安。即便自己認為理論上是如此，但其實內心仍無法理解。

我來舉個因內心傷痛而導致不安的例子。

身處於日本這樣的競爭社會，很多人抱著「如果不能完美執行，做出成果，就沒有為人的價值」這種下意識的信念成長。那種信念是起因於無法得到別人期待的結果時，被拒之於外、被責難時產生的心理創傷所製造出的東西。

因此，當此種信念愈堅定，凡事就會感受到排山倒海的壓力，因而害怕變得無法挑戰、挑戰的事情成了異常強大的壓力，亦或即使得以挑戰，也由於壓力的關係而無法展現自己的實力。失敗時你會感到極度沮喪。

先前我告訴過大家，運動選手賽前的不安是種現實的不安，但其實若運動選手心裡有「輸掉比賽，就失去自己為人的價值」之信念的話，那就是基於內心傷痛而產生的不安。那種不安愈是強勁則愈無法發揮實力。

人際關係也適用此法則。

許多人持有「被別人了解真正的自己，會遭人嫌棄（亦或被責備、被輕視等等）」諸類信念。

並且這種信念愈是強烈則愈無法向人敞開心扉，戴上偽裝的面具。與人往來時不得不隱藏自我，因而變得孤獨。

藏在「忍不住～」的深處裡的東西

如此，我們因過去內心的痛苦而產生的不安，讓自己覺得是現實上的不安。

你覺得如何呢？

你是否也像這樣「都是那傢伙害我不安的啦」、「因為世界這麼危險我當然會不安啊」、「因為周圍的人都具有攻擊性，所以我很不安」，相信不安的原因在你自己之外。

許多人基於那種信念，試圖暫且規避不安。實際上在並沒有正確理解對於什麼感到不安的情況下，試圖以規避不安、敷衍不安的態度過生活。

那時，就會經常出現如下症狀(2)。

・隱隱然的壓抑感

・變得衝動、容易發怒
・煩躁不安
・情緒不穩定
・容易受傷
・八面玲瓏
・具攻擊性、叛逆
・心神不寧、無法平靜
・總是認為凡事都要正確才行
・固執、頑固
・總是得讓自己忙得不可開交
・無法湧現學習與成長的意願

諸如此類。如果我們沒有真正理解自己的不安，就會陷入「忍不住～」此種不自由且焦躁不安的心情。

甚至即便是那些在社會上努力工作、從事活動而看起來充滿活力、身體健康的人，他們之中很多人內心都有那樣的苦惱(3)。

而挑起不安的很大原因之一在於憤怒。

我們多數人害怕自己的憤怒、對憤怒感到有罪惡感、在自己不知不覺中，壓抑了憤怒的情感而使之麻痺。

於是被壓抑的憤怒爆發後，即使是自己也控制不了，因此傷害到別人，故而斷絕了你的人際關係，給你帶來了孤獨。

那麼，接下來我們來好好思索憤怒這種情感。

「抑制憤怒」的機制

憤怒是一種非常重要的情感。憤怒乃意識到正當的慾望遭到否定時、意識到被侵犯時，用以守護自身的權利所必需的情感。

孩子人生中最初感受到的怒意就是對於父母的憤怒。

然而，一旦對父母發怒，有時就可能得不到父母的疼愛。孩子鬧脾氣時，父母如能了解並接受孩子的憤怒，不加以否定、或自己的情緒不至於因此而變得不穩定的話，孩子就不會覺得憤怒是一種危險的情緒吧。

但實際上，任何父母被孩子憤怒以待，都是件難受的事。因而他們往往容易因為無法理解孩子的憤怒、以及無法接受孩子的憤怒，轉而攻擊孩子、反擊孩子、因憤怒而不與孩子交談、因不安而不知所措。

於是孩子就會學到「如果我生氣的話，爸媽就不會再愛我了。憤怒是種危險的感情」。而後變得害怕憤怒、壓抑自己的憤怒了。

順道一提，所謂的「壓抑」是指自己在不知不覺中，抑制自己讓自己不感受到情感、使情感麻痺。

因為不懂所以將它正當化

我們愈是對自己的憤怒感到恐懼、有罪惡感，就愈會變得壓抑自己的憤怒。而愈對自己的憤怒感到恐懼、罪惡感變得更強的話，憤怒就會爆發，而把憤怒發洩到別人身上、自己也會經常變得心情不好。

當我們與別人反目時，都會相信是對方的錯，實際上那時你對父母等重要的人感到憤怒而所受的內心創傷，才是造成你之所以那樣認為的原因之所在[4]。

並且，當我們心中產生壓抑的憤怒時，會變得反抗或反對年長者、居上位者及具有權威的人士。還會經常藉由批評別人、輕蔑別人來釋放那種憤怒[5]。

不過我們並不知情那些攻擊行動，是源自於內心那「被壓抑的憤怒」，而認為「因為那個人活該遭到攻擊及輕視，所以我才攻擊他的。攻擊是正當的行為」。

殺死父母的女孩

被壓抑的憤怒屢屢會爆發在他人身上。

讓我們來看看實際發生的案例吧。

一個夏日，在住宅火災後的廢墟中發現了一對夫婦燒焦的屍體。隨著警方的調查，發現了令人震驚的事實。

火災是由縱火所引起的，而犯人竟然是那對夫婦上國中的女兒。

而且那個女孩與同班另一個女孩，同樣都想殺掉自己的父母。二人半夜溜出家中，先前往其中一個女孩家縱火。

她們甚至在樓梯上灑了燃料，讓樓梯被火海包圍，致使睡在二樓的父母無法逃脫。

當她們確定房子著火後，就把菜刀藏在衣服裡，前往另一個女孩家企圖殺死在臥室的父母。但在那裡被她弟弟發現，奮勇抵抗，才以失敗告終。

這起案件震驚了整個社會。社會上大多數人都認為那兩名女孩精神異常。

但其中一個女孩為保護心愛的小狗，在放火燒掉自家房子前，先把小狗寄放在了朋友家。是那麼善良的女孩子。為何那樣的女孩會殺了自己的父母呢？讓我們來探討她的心理。

當你感受不到「父母無條件的愛」時

孩子會極度渴望父母無條件的愛。

亦即孩子會渴望「父母無論對怎樣的自己，都要由衷重視、疼愛，不會失去那種愛」尋求這種實際的感覺。

然而若成長過程中感受不到「無條件而穩定的愛」，就會活在一種強烈的寂寞、悲傷、沒有依靠的感覺中。

不得不懷著深刻的孤獨感、沒有依靠、不安、恐懼、沒有自信的心情，走在人生的道路上。於是，就會對讓自己過得如此不堪的父母感到十分的憤怒。那種怒意一再累積，就變成了憎惡。

孩子對父母所懷的憎恨，甚至會轉成具有殺意的憎惡。

那就是我們人的本質。先前提到的國中生，應該是由於無法感受到父母無條件的愛，而在成長的過程中，累積了對父母與日俱增的強烈憎惡。

她們的心思絕非「不正常」。大多數的我們都不像她們一樣，成長過程受到巨大的傷害，因此也不至於將對父母具有殺意的憎恨付諸行動吧。

但是，假使我們也像她們一樣，成長過程傷痕累累，也會懷有她們那種想殺掉父母的憎恨心情吧。

接下來，我來舉個不像殺人那樣極端、但被壓抑的憤怒爆發的例子。我們生活中尋常可見的行為，有時就是遭受壓抑的憤怒之表現。

攻擊型的大學教授之常識

這是我以前在大學執教時發生的事。我與某位教授二人一起監考定期考，那時他眼尖發現有個學生在作弊。當時規定發現作弊時，應該小聲告訴那名學生，然後沒收學生證，待考試結束後將作弊的學生帶到監考總部。

這一連串的過程要儘可能安靜而淡定地進行，以免干擾到其他學生的考試。但是那名教授卻因憤怒大發雷霆，怒氣沖沖地罵了那名學生。

在肅靜的考場，大聲怒罵「喂！你在幹嘛!!」並且急忙從教室打電話給監考總部，要求辦公人員立即過來把那名學生帶離教室，並且嚴懲他。考試結束後，我與那名教授聊了幾句。他並不認為那名學生是「做了不明智之舉的重要學生」，而是把那名學生視為「敵人」、「壞蛋」。

如此強烈的敵意，也許是來自他本身被父母要求「不正正當當不行」、亦或做了不正當的事情時，就會被強烈地攻擊、拒之於外的痛苦經驗所致。

亦或是在他自己還是學生時，經歷過「由於其他學生作弊得了高分，於是他擔心自己的成績可能相對落後」而感到不安的經驗使然。假使如此，那名教授以前也許就一直處於「成績如果不好，就不會被愛（就得不到認同）」的不安中。

然而，由於那名教授具有「作弊是件壞事」的常識，因此那名教授相信「自己做的事是正確的」，於是乎就**不會察覺自己過度的憤怒**。

那名教授因具攻擊性，所以被一部分教授敬而遠之。

不光只是那名教授而已，你是不是也同樣有過將你壓抑的憤怒朝別人發洩，而找了煞有其事的理由將那件事正當化的經驗呢？這種事在社會上屢見不鮮。

有次發生一群少年向街友投擲石塊，傷了街友的案件；還有，有間高中名校的學生們去為體育社的比賽加油，從觀眾席上向著對手的啦啦隊起鬨大叫「低等生！」。

像那樣會輕視別人、攻擊他人的人，其實是在為自己被壓抑的憤怒尋找宣洩口，不過

本人並未察覺。

向街友投擲石塊的少年們及向著別校的學生大喊「低等生！」的高中名校的學生們，應該是都認為「對方活該被輕視，自己的行為站得住腳」吧。

那是偽裝善良而來

還有，有人因為自己也不曉得的怒意，原先對別人釋出好感與愛意，但卻在最後拒絕別人[6]。例如，假裝對異性極具好感，最後卻拒絕對方的人就屬這例。

那樣的人現今仍為過去被父母等重視的人所辜負的心傷所苦，因而將那種難以按捺的苦惱，不由自主地轉向他人復仇。他會說著甜言蜜語，表現得溫柔體貼，以圖為人所喜愛。但其真正的目的乃在於讓別人依賴自己、吸引別人，以獲得別人的關心。

而有些人就等著成為那種誘惑者的犧牲品。

那些人是與誘惑者同樣缺乏愛情、過度尋求別人的溫柔與認可的人。明明是虛假而非真實的愛情，那些人卻視而不見，以致遭到欺騙。尋求誘惑者的愛情，只會讓自己更加受到傷害而已。

接下來，我來告訴你在年幼時期沒能感受到父母無條件的愛，之後影響她們人生的二名女性的例子。我已得到她們本人欣然允諾來介紹她們的例子。

藏在「我好無能」背後裡的訊息

喜歡動物的美榮子小姐小時候對她母親說「將來我想當獸醫」，於是她母親就回答說「要當獸醫就得去上醫學院才行喔」。

那時美榮子小姐從她母親那裡得到的訊息是「我不太懂『醫學院』是什麼東西，但若不是很厲害的人就進不去。我哪進得去！」。美榮子的母親說這話似乎是為了激勵她發憤圖強，然而她所收到的訊息卻是「媽媽認為我是個能力差的孩子，媽媽說的一定是對的」。

而美榮子小姐成年後接受了心理諮詢，從中領悟到自己被這個「我是個能力差的人」的信念束縛得有多深，從而導致自己無法發揮能力。

例如，她說她大學時自己打工存錢，在歐洲自助旅行了一個月。然而完成了那麼了不起的成就，她卻不覺得有得到什麼成就感。而就在那時，她實際感受到「因為我想逃離束縛才出去旅行，但那束縛在我的內心，所以就算改變環境，內心也不會有所改變」。

美榮子小姐是個非常勤奮的人，她也發現到她的勤奮當中，有著想讓周遭的人、自己本身、以及她母親看到「我不是個無能的人」之心思，而那種心思總是化成焦慮與壓力，屢屢讓她勉強自己。

被家人說「妳很冷淡」的多惠小姐

另一位多惠小姐訴說了她在童年時被父親說道「妳很冷淡」這件事，至今仍是她內心的傷痛。她說自從懂事以來，她就一直感到「不對別人好不行」，因而一路以來都努力善待父母與朋友。

多惠小姐說，她被父親說「妳很冷淡」時感受到的訊息是「我不可以存在這世上」。她發現自己長大成人後，也一直希望自己待人和善，而那願望中的一部分是由於「想要爸爸認為她是個善良的好孩子而接納她」的這種由心痛而來的心願。她也發現，由於那種痛楚，她總是極度在意「別人是否認為她是個善良的好人」，因而在人際關係上經常感到不安、感到沉重的負擔。

多惠小姐也察覺，當有人痛苦不堪時，自己會焦急地想說「我得當個對別人好的人才行」不由自主地想安撫那個人的心情。**但因為別人的心情不受他人控制，所以即使多惠小姐努力安慰，那人依舊痛苦難當。於是她受到挫折、甚而產生罪惡感而感到痛苦。**

多惠小姐是一名新手心理諮詢師，當前來諮詢的人不滿意她的諮詢時，她就會變得非常恐懼而內心惴惴不安。那是起因於她幼年時期相信「若沒能得到別人的認可，我就不值得被愛」，這是多惠小姐在接受心理諮詢，探索內心過程中她自己所發現的事。

結果都無法跳脫相同的模式

美榮子小姐與多惠小姐都由於過度冀望得到父母的認可與被愛，是以一路以來都以符合父母的期望在行動。因為愈是感受不到父母無條件而穩定的愛的孩子，愈是會拼命努力想那樣做。

美榮子小姐想藉由認真讀書與投入工作來訴說「我不是無能的人！」，那不久就成為自己極大的負擔，讓她感到無比的壓力。多惠小姐也由於懷有「不讓人家覺得自己很和善就不會被愛」的信念，故而極度在意「別人是否認為她是個和善的好人」。那種想法不僅產生了人際關係上的苦惱，且在無力撫慰痛苦的人時，會感到強烈的挫折感與罪惡感。

我們在兒時會按照父母期望的方式感受與行動的理由，是因為那是我們當時所能做到的最佳做法。

但當我們長大成人時，我們自己與周遭的人都變成了與昔日的親子關係完全不同之人，

因此我們若重複兒時的模式就會窒礙不通。

然而，由於我們沒有察覺此種現實，所以在不知不覺中就一直重複兒時的模式，導致無法依據現實來思考與行動，於是人際關係上就發生了各種問題，生活變得受拘束、不安、恐懼、沮喪所苦。

例如，相信「如果沒有笑臉迎人和藹可親，就不會被父母疼愛」的孩子長大後，在人前就總是會笑臉迎人和藹可親。這樣的人其實在煩惱時，也會表現得很有活力，絕不會讓別人看見自己痛苦的樣子。於是，就沒有人發現你的痛苦，也沒有人會幫助你，你因而受到「沒有人了解我的痛苦」、「沒有人幫助我」的孤獨所苦。

同樣的，比如說相信「爸爸不在乎自己」的女孩長大成人後，有時會因與自己談戀愛的男性不在乎自己而感到受傷。還有，即使交到一個待她很好的男人，有時也會因為無法相信男性的愛情，而不斷懷疑他對自己的真心；亦或為了試探他的愛而提出無理的要求，於是男方因為厭倦了這樣的她最後提分手。那時那名女性就會下意識確信自己的信念「果然還是沒有任何人真正在乎我」是對的。

人際關係很麻煩的不切實際的想法

就如上述所見，給人際關係帶來痛苦的信念，乃植基於心裡的痛楚。那種信念愈是強烈，人際關係就愈會成為麻煩的負擔。

很多人會煩惱「自己想太多了」；也有人會建議煩惱的人說「是你想太多了，沒必要那樣想」。

但是，好好思考並不會成為痛苦的原因。好好思考不僅不是壞事，反而是非常重要的事。

感到痛苦並非是因為想太多而造成，而是因為不切實際地把事情往壞方向思考所致。

例如，倘若持有「如果別人了解真正的我就會拒絕我」這種基於過去的心痛而產生的下意識信念，對別人就會戰戰兢兢地想說「我要怎麼做，才不會讓這個人討厭我呢？」、「在那個人面前要怎樣表現，才不會被拒之於外呢？」。並且對別人毫不經意的舉動，也會因為認為「他是不是討厭我」而感到不安。

同樣的，一旦有了「別人會攻擊我」、「別人瞧不起我」、「別人不把我當一回事」這種下意識的信念，往往就會對別人一點小小的舉動解讀成「他在責備我」、「那是對我的攻擊」、「他把我當豬頭」、「他就是因為不把我當一回事才說那種話！」。於是每次都會怒上心頭而感到受傷。

我來談談我的那種經驗。

有次，我對一名認識的女性動了肝火，因為她老是寫些電子郵件來向我訴苦。我對她發飆說「妳寄這種發牢騷、煩惱的郵件來給我幹嘛！就算妳寫了這些事，我也不能怎麼樣，不是嗎！」。

不過有天我注意到了。

「到底那名女性有說想要我為她做什麼嗎？」

因而我詢問她本人。於是我才明白，那名女性只是想向我吐露她的煩惱而已，壓根兒就沒有希望我告訴她解決方法或為她做什麼。

因為我兒時看到母親痛苦又疲累不堪，於是就相信「我得幫媽媽才行」。

由於曾有那種下意識的信念，因此當我看到有人很痛苦時，就會擅自認為「我得幫幫他才行」。然而因為對於那名女性的煩惱，我自覺無法幫她而感到無能為力，那種無力感令我痛苦導致我動了怒。

像那樣，如果你有這種起因於過去的心痛所形成之下意識的信念，在人際關係上就會經常感到不安、恐懼、悲傷、憤怒、及沉重的負擔。

其原因並非來自於自己想得太多，而是由於透過植基於心痛所形成之下意識的信念這個有色的眼鏡來看待事物，導致無法正視現實所引起。

先前我提過「好好思考不僅不是壞事，反而是非常重要的事」。照前面我自己的例子來說，我仔細思考後得以正確理解，實際上以電子郵件寫煩惱信寄來給我的人，只是希望讓我了解她的心情，並未求助我替她解決或給予幫助。因此，我得以能夠與那名女性保持建設性的溝通，憤怒與沉重負擔也得以平息。感到痛苦並非因為想太多而造成，而是因為基於過去的痛苦，不切實際地往壞方向思考所致。

父母自身的傷痛會傷到孩子的心

我們長大成人後，容易重複兒時的感受與行動的場景之一，便是自己育兒時。父母無法無條件地愛他們的孩子、或沒有餘力照顧孩子、亦或傷害孩子的原因，來自於父母自己本身尚未解決的內心創傷。

許多人會批評虐待孩子或放棄照顧孩子的父母。一想到被虐待的孩子那痛苦的心情，理所當然會責怪孩子的父母。

但是，正因為我們那樣指責孩子的父母，才會再次出現虐待的情事。

有些意見認為，對於那些虐待孩子或放棄照顧孩子的父母，應該要堅定地告誡他們不可以那樣做、或應該要嚴厲懲罰他們。但是會那樣做的父母絕對並不是沒有被教導過「不可以虐待孩子」才施加虐待，也並非讓他們害怕受到懲罰問題就能解決，那樣反而會產生反效果吧。

會虐待孩子的父母，都是因為自己本身（屢屢皆是由幼時開始）無法感受到足夠的愛、過於寂寞、沒被滿足、沒能獲得足夠的支持而被逼得喘不過氣，故而變得無能為力才會虐待孩子。

相同的，那些丟下孩子幾天不管出去玩樂的父母亦然。

我們愈是批評那樣的父母，愈會迫使被逼得喘不過氣的父母無法求助。因為他們即使尋求幫助也只會遭受攻擊而已。

要消除虐待與放棄育兒所須做的其中一件事，並非是批評虐待孩子的父母，而是要了解他．她們的痛苦，提供他們必要的協助。

人不會因批評而改變，但會因愛而改變。

否認、批評自己孩子的父母內心

父母愈是不能喜愛、與接納他原本的自己，就愈發無法喜愛、與接納孩子原本的樣子。

貴久先生因為國中的兒子拒絕上學而去看了身心科。

因為這件事讓他感到非常苦惱，故而來找我做線上諮詢。貴久先生從他兒子小時候開始，就「那樣怎麼行！」、「給我長進點！」這樣嚴格對待他兒子。

而在持續與我的諮詢中，他發現那些話，正是他自己年輕時就開始在內心對自己所說的話。

甚且，那也是他嚴厲的爺爺傳達給他的訊息。由於他太渴望爺爺的疼愛，因而在內心當中接收他爺爺否定的訊息的同時，也把它發洩在了孩子的身上。

關於自己與他人對憤怒的連結

就如上述所見，憤怒與內心的傷痛有著密切的關係。你愈是對憤怒感到害怕、愈是對憤怒感到罪惡感，憤怒就會以一種扭曲的形式被釋放出來。把憤怒的矛頭指向自己本身，而痛加攻擊自己的人也很多。

因為日本文化重視人際關係的和諧，極度害怕攻擊，致使許多人有傾向將憤怒轉向自己。那種傾向易將身心症（心理因素導致身體出現症狀）、憂鬱症連結在一起。

再者，「無法喜歡自己」、「缺乏自信」、「感到自卑」此種痛苦的源頭裡也都藏有對某人的憤怒。無法喜歡自己的人，是因為討厭、憎恨某個人所致。

否定自己與否定別人是一體兩面。

否定自己的人，內心深處也會經常否定別人。

同樣道理，自卑感與優越感也並存在一起。自卑感強烈的人，經常會在內心裡「那個人太不像話了」、「這個人不行」批判別人。並且優越感極強的人，必定具有強烈的自卑感。由於自卑感太痛苦了，於是不由自主感到「自己是這麼優秀」的優越感。

自卑感、優越感、否定自己、否定別人等等，其根本裡都有著尚未被治癒、尚未解決的內心創痛與憤怒的影子。

變得怕生也有其原因在

怕生與畏縮乃是對人不安的症狀。

其症狀的源頭裡也有隱藏的憤怒存在。自己的內心裡雖然懷有強烈的憤怒，但自己並不曉得是出於害怕那種憤怒而動怒。

並且其實自己對他人感到有攻擊性，是由於將內心的憤怒投射到了外界，才會覺得別人對自己具有攻擊性、或否定自己，因此就會感到不安、變得多疑。

擺脫他人束縛的日子一定會到來

社會上有種輕視感情、將感情視為禁忌的風氣。但對我們而言，感情很重要，憤怒也很重要。

接納自己的憤怒，對我們找回感情的自由、喜愛自己、接納自己而言至關重要。

那麼何謂接納憤怒？

所謂接納憤怒並非任憑憤怒的驅使去怒斥別人、行使暴力、破壞物品等。

也並非是透過不與人交談、忽視他人的形式來表達憤怒。

我們之所以會採取那些行動，是由於恐懼自己的憤怒、對憤怒具有罪惡感，因而難以忍耐憤怒之故。

因此，為了避免感到憤怒，而將憤怒付諸於行動。

那在心理諮詢的理論上，稱之為「行動化」。

任由憤怒驅使而怒斥別人、嚎啕大哭、行使暴力的人，在做這些行為的當下，自己並

不會像周遭的人一樣強烈且深刻地感受到自己的憤怒。

愈是無法理解、清楚感受到自己的憤怒，愈會因為憤怒而傷到別人。

相反的，愈是能夠面對自己的憤怒、擁有忍耐憤怒的勇氣與謙卑，憤怒就愈不會具有破壞力[7]。

所謂接納憤怒，乃是指身為一個憤怒的人、或作為一個有權憤怒的人、甚或是愚蠢的憤怒能受到容許之人，他會喜愛自己、認可自己、接納自己的意思。

我會在下一章節傳授你那個方法，屆時我們就不會把憤怒行動化，而較能清楚地感受到自己的憤怒。

雖然這難以百分之百完美達成，但若能比以往稍微進步一些，我們就較能坦率地感受到自己的憤怒。

若是愈能接納自己的憤怒、並正確了解自己的憤怒對象而接納它，就愈能適當地處理自己的憤怒，傷痛就會減少，也能從沒必要的煩惱中解放自己[8]。

到目前為止，我們學到了遭到壓抑的憤怒是各種痛苦的根源。

尤其是**對父母的憤怒往往是在人際關係上感到痛苦的根本原因。**若未解決對父母的憤怒，即使想改善人際關係，效果多半會受限。

同時，在第一章我告訴大家，我們現在生活上的痛苦，原因來自於過去尚未解決的內心傷痛。

就讓我們在下一章節，更進一步來學習內心傷痛的本質。

熱身篇

共鳴療法 ❷

理解「療癒」與「成長」的真正含意

何謂讓狀況惡化的正面思考？

煩惱自然解決的那一瞬間

就如我在第一章開頭所言，我們的煩惱幾乎都是出在人際關係上的煩惱。因而我們會想說「問題不是出在自己，而是出在別人身上」、「要怎麼做別人才會改變呢？」。

例如煩惱「孩子不去上學，要怎麼做他才願意去上學呢？」的父母就是如此。會那樣擔心是理所當然之事，但煩惱並非藉由別人的改變就得以解決，而是在我們成長時才會解決。

在第二章，我會來談談解決人際關係煩惱的「觀點」。我會告訴你，重點在於我們內心傷痛的本質，及為何自己內心的療癒與成長至關重要。

兔子輸掉比賽而烏龜獲勝的原因何在？

童話故事中的「龜兔賽跑」，為何跑得快的兔子跑輸，而慢吞吞的烏龜跑贏了呢？我想那個童話故事要傳達給我們的訊息是：「不要看著別人，而是要看著自己想朝向的目標前進，持續竭盡自己所能」的重要性。

兔子看著烏龜和自己比較，但烏龜沒理會兔子，只看著自己想去的地方，持續做自己能力所及之事。當我們看著別人想說「那個人有問題，要怎麼做他才會改變呢？」時，已經受到那個人的支配、受他所左右了。當我們試圖得到別人的認可而忽視自己時，就已經受到那個人的支配與左右了。

當你在責備別人、與人相比而感到優越感或自卑感時，就已經受那人支配、左右了。

猶如兔子一般，與其看著別人而評論別人是那樣的人、這樣的人，倒不如好好審視自己想成為何種人、想過何種人生。能把這些想法置於中心，把自己當作主軸時，你就能擺脫別人的束縛。

而後，你若能過自己想過的生活、成為你自己想成為的人，一心持續做你必須要做的事時，煩惱就會走向解決之路。

磨練自我的觀點

我們一有煩惱就會陷入「擔憂、不安、恐懼」、「憤怒、怨恨」、「輕蔑」、「心情不快」、「心情沉重」等負面的情緒中。此乃理所當然之事，但有件事與此具有至為重要的關係。

那就是即使你掙扎地想以負面情緒來努力解決你的煩惱，也於事無益。

那些不安、焦急地詢問「要怎麼讓孩子去上學呢？」的父母即是。負面情緒會讓事情變得膠著，致使情況愈發負面。

再者，對人所持之負面想法（諸如擔憂、不安、恐懼、憤怒、怨恨、輕蔑等），會在下意識的層面傳達給對方，造成與對方關係不良的影響。

即便你隱藏了對對方的負面情緒，那種情緒還是會對你與對方的關係產生負面影響。

當你受黑暗所苦時，就算掙扎著想「消除黑暗」也無濟於事。不過只要自己發光發亮，黑暗就會自行消失。

但是，我在這裡所傳達的概念與一部分自我啟發的講師和心靈講師所言之「正面思考」

的意義不同。

他們說的是「總是要保持快樂」、「總是要閃閃發光」、「總是要積極向前」地過生活。那種想法很不切實際，因為你若是愈努力「別往灰暗面想，要變得開朗」，就愈會遮掩真實的情緒，反而致使問題惡化。

為何「正面思考」的想法行不通呢？那是因為問題的原因出自於內心的傷痛。

首先，我來分享自己的相關經驗。

透過自己的經驗而明白的事

我自己接受過心理治療，發現內心有種自己也未曾意識到的信念。

「都是因為我對媽媽要求這個、要求那個的，給媽媽造成了負擔。為了避免再度發生那種事，以後我不可以再想要東要西的了。」

「如果我不是個堅強的男孩子，爸爸就不會認同我。我孤單、悲傷、悲慘地認為我是個沒人疼愛的孩子。別再讓這種事情發生，以後我得一直在人前表現得堅強才行。」

「因為我沒能達到媽媽期待的結果所以她很生氣，認為我是個沒用的孩子。為了不讓這種事情再度發生，以後我得要達到她的期待與成功才行。如果辦不到的話，那我就沒什麼價值存在於這世上了。」

「我做錯事被抓時雖然被罵了，但只要下次不惹人注意、默不吭聲的話，就不會受到攻擊。以後為了不要讓自己遭到攻擊，就不要跟別人談到自己的事，不要引人注意。」

這些是我在接受心理治療當中所發現之下意識的信念、決心的一部分。

我既沒有發現自己下定了決心，當然也未察覺自己至今仍持續存有兒時的那種信念與決心，並依憑著它們行動。

我自己作為接受心理治療諮詢者、及身為專業心理諮詢師的經驗得知，若我們深入探索自己的內心，就會清楚發現當前的憤怒、悲傷、寂寞、壓力、抑鬱、罪惡感、自卑感等種種情緒，**都是兒時與父母等重要的人之間所感到的情緒之再現。由於內心還存有未解決的傷痛，才會產生現今生活中的負面情緒。**

如此之信念與決心會造成這樣的「現實」

當我們兒時發生過讓你感到不安、恐懼、寂寞、憤怒、罪惡感等痛苦情緒的事情時會想說「不想再經歷那種痛苦了」，因而就會想在當時自己置身的情況下，做出自己能做的最佳選擇。

就以我在本章開頭所提到的自己的例子來說明。若是我在要求母親「我想要那個東西」時被罵，我就會覺得悲傷、寂寞，害怕如果失去媽媽的愛該怎麼辦？

於是，我決定「都是因為我要東要西的才會被媽媽罵。為了別再發生那種痛苦的事，以後不可以再想要什麼東西了」。

而後，我們就會相信兒時那個決定是絕對的事實，下意識裡就持有那種信念直到長大，並在現今的人際關係中重複如此。

我們就在自己想要什麼、想做什麼、喜歡什麼、討厭什麼、希望別人做什麼、亦或不希望別人做什麼都不明白的狀況下長大成人。

並且對於告訴別人「希望你這樣做」、「我想要這個」會感到是件自私自利且糟糕的壞事、或對別人過意不去。

不過，現在的自己已不再是往日兒時的自己，已更有能力與自由，而身邊的人也與當時的母親不同人。

然而，我們卻會覺得自己猶如那個兒時的自己，身邊的人也猶如往日的母親一般。由於這樣思考、行動，產生了與當前現實不符的感覺方式、想法、及行為模式。

就先前我的情況而言，現在與我有關的人，也許並非是當時如果我說想要什麼東西就會發怒的母親，而是希望我確切表達希望的人也說不定。

然而我對別人隱瞞了我的希求。從對方的角度而言，因為我過度顧慮而不表明真意，故對方也無法與我真心來往。不僅如此，對方也許甚至還認為我是個不知道在想什麼而令人退避三舍的人。

就這樣我變得孤獨、得不到自己想要的東西，過著不如意的人生。

因而變得在現實世界，無法按照現實來過生活。因此人際關係不如己意，成了自己的沉重負擔。

我所謂內心傷痛的本質，就是這樣在過去痛苦的經驗中感受到的悲傷等情緒、與從那

種經驗裡萌生「我不想再這麼痛苦了」的願望所形成的信念．決心。

其中最為重要的，多半是兒時感受到「父母不會疼愛原有的自己」時的感情與信念。

那種感情與信念之下藏有恐懼，是種若失去幸福人生所必需的愛情、安全、自己身為人的價值等等，就不知該如何是好的恐懼。

愈是從小就活在內心傷痛裡的人，愈會因為感到強烈的不安與恐懼而有愛擔心的傾向。

但其中因為不安太痛苦了，所以想努力壓抑不安。於是有人就深信自己「沒什麼好不安的」，表現得猶如自己是個沒有不安與恐懼的人。

在汽車、摩托車的危險駕駛與挑戰危險運動的人當中，就有人試圖藉此行動證明「我哪有什麼好不安的！」。

那是由於無法原諒感到不安的自己，因而想否定有不安存在的強迫行為。

不被扭曲的快樂所擺佈！

內心傷痛伴隨著不安與恐懼的同時，你會拒絕別人溫暖的愛。因為你無法相信自己無條件的價值、別人的善意、光明、安心與安全。

既無法坦率地快樂與接受，並且不僅不能接受，對於自己的價值、他人的善意等光明的行為產生反抗心的人也並不罕見。

你會攻擊那些善待你的人「偽善」、對那些幸福的人湧起嫉妒心。

甚而，內心傷痛會對黑暗面產生反應。電視與報紙上頭條新聞以壞事居多、媒體上八卦新聞也居多的原因，都是因為一般大眾所好之故。

即使我們想尋求「變得幸福」的途徑，但找到的卻都是厭惡的事與壞消息，不由得感嘆「這世上都是些令人討厭的事」。

那樣做對於我們受傷的部分而言，是種扭曲的快樂。

並且，內心的傷痛試圖阻礙我們的療癒與成長。

內心的傷痛與我們「想要過得幸福」、「想要治癒、解決心中的痛楚」之願望相悖，試圖讓我們一直處於不幸的自己。

此種心思存在於任何人的心中。下一章，我們來詳細學學阻礙成長與療癒的心之動向吧。

熱身篇

共鳴療法 ❸

察覺妨礙解決的「抵抗勢力」

將「內心的黑暗」化為力量

黑暗並非是「壞蛋」!?

正如我們看到目前為止，內心的傷痛是帶來人際關係痛苦與沉重負荷的源頭。不過，它並非是「壞蛋」。

正因為有黑暗，我們才得以於人際關係中實際體驗、感受到人的善良、希望、喜悅、勇氣、與成長等光明面。

黑暗是我們感受光明與喜悅所必需的舞台。

聖雄甘地說：「你要成為你想看到的改變」。正因為有黑暗，自己才擁有善良、希望、喜悅、勇氣等成為光明面的機會。

其實，將黑暗視為「壞蛋」而否定它、與之抗爭本身，才是黑暗的行為。

愈是那樣做，黑暗的力量就會變得更為強大，增添人際關係的痛苦。

黑暗是我們成長、實際體驗這世上的快樂所不可或缺的東西。

愈是能理解這個道理而接納黑暗（甚且愈是能感謝黑暗），就不會為人際關係所擺佈，也不會成為可憐無助的犧牲者，而能從人際關係的痛苦中成長。

這才是黑暗存在於這世上的目的。

為何會抗拒幸福？

我們任何人都希望擁有充滿愛的人際關係，並過得幸福。不過，也許那些在人生中深受內心傷痛而絕望的人會反駁說「不幸也沒差！」，但那樣的人其實應該也是真心想獲得幸福。

再者，我們都希望實現生活的目的、做出貢獻、活得更加充實。

不過，我們對人的憤怒與內心傷痛愈深，就愈難過上那樣的生活。

而**我們內心擁有治癒自己的能力。它會想要找出人際關係沉重、壓力、憤怒、悲傷等的原因並加以解決，也具有將我們導引至解決方向的成長能力。**

我想現在正在讀著本書的你，也是因為想要解決人際關係的煩惱才拿起本書。

然而在我們心中，闡明人際關係壓力的原因之「內心傷痛」並尋求解決的同時，也會產生抗拒。

由於那種抗拒，所以雖然我們希望「過得幸福」，但是卻仍不幸地度過漫長的人生。就那樣終其一生的人也不在少數吧。

結束了充滿苦難人生的女性

有名五十多歲的女性來參加我的心理諮詢師的培訓課程。

她說她曾經是名高中教師，但有一天與一名學生發生了爭執，而後她因心理因素失聲，變得連課都不能教，於是辭掉了教職。她身體瘦弱、形容憔悴、表情黯淡而缺乏生氣，臉上深深的皺紋，好似在訴說她悲苦的故事。

在那次的培訓課程裡，我公開演練諮詢時，她擔任前來諮詢的角色。

在扮演諮詢者角色的我與其他聽課的學生面前，她娓娓道出往日痛苦的經歷與當前的煩惱。

她所訴說的人生，在人際關係上充滿了憤怒、寂寞、悲傷、以及自卑感。

培訓結束後，她想報名接受我的諮詢，她說「我想我有很多無法療癒的內心傷痛」。

但不巧的是我的行程已經排滿，無法再接收新的諮詢者，因此請她排在候補名單內。

一年過後，我的諮詢行程有了一個空缺名額，於是我打電話到她家。是她家人接的電話，說「她去世了」。「咦！……」我很驚訝聽到這個意外的消息。我告訴她家人她原本想接受心理諮詢，她家人說「她是有那樣說過……」。

我輕輕地放回聽筒後，想著她過的是種什麼樣的人生啊。從她的樣子與她說的話，我感到她的人生充滿痛苦與辛酸。若是那樣的話，就非常遺憾了……。

當我想起她那晦暗而無精打采的表情、她所訴說的充滿人際關係痛苦的人生、以及她說「我想我有很多無法療癒的傷痛」時，我想她是不是就那樣背負著許多痛苦，但卻在原因還沒能解決的情況下就過世了。

儘管我們內心渴望人際關係的痛苦會消失，但卻也會心生抗拒，不想面對痛苦與解決它。

因此，接下來我會從我長年擔任心理諮詢師所提供的支援經驗中，發現人際關係痛苦的原因出自於「內心的傷痛」，而要解決它時所遇到下意識抗拒的最多理由中舉出九個來加以探討。

再者，我會告訴你我從事專業心理諮詢師的經驗中，所得出的那些理由的真相。

抗拒解決內心傷痛的理由(1)

「害怕自己一直隱藏、躲避的情緒出現」、「害怕凝視自己的內心會出現可怕的東西」之不安

懷有強烈的憤怒、悲傷、寂寞、罪惡感等負面情緒是件痛苦的事。

在我們心中，具有一種試圖儘可能讓我們不去感受它們的下意識自動機制。

由於具有那種機制，我們得以不被過度痛苦的情緒所壓垮。任何人的心裡都懷有直面自己情緒的畏懼。

因而，你會這樣告訴自己「又沒特別不幸……」、「又沒有什麼特別的煩惱」、「我才沒在生氣」、「我原諒那個人了」、「那已經是過去的事了，我只向著未來而活」，試圖避免直接面對自己的心。

但是，讓我們感覺不到自己情緒的機制，本來只是為一時的作用而有。若是一直壓抑情緒或麻痺感情，就會造成生活上種種的不便與痛苦。

例如，就如我之前所言，壓抑的憤怒一旦爆發，有時就會傷人又害己，也會把人際關係破壞殆盡。

壓抑自己的情緒，會讓你變得感受不到喜悅、感受不到生存的意義。

甚且，若持續壓抑極端的情緒，會耗盡你的精力，也可能產生讓你感到苦悶的濃重灰色憂鬱。

並且，**遭壓抑的憤怒會引發「在意別人怎麼看待你」、「在意別人的眼光」等此種人際關係的不安。**

不過，具有高度援助能力的心理諮詢師，不會在來詢者還沒做好準備前，就讓他們直面自己的感情。

而當你攤開一直壓抑、逃避的情緒來看，其實並不像你一直畏懼的那麼可怕。

當你把壓抑的情緒揭露出來時，雖然會暫時感到痛苦，但那同時也是一種解脱，讓你如釋重負。你的人際關係會變得較為輕鬆自在。

抗拒解決內心傷痛的理由(2)

「雖然我想解決內心的傷痛，但不知找哪位諮詢師才好」之不安

在想要接受諮詢時，任何人都會感到「不曉得心理諮詢師是否能夠信任」這種不安。

那種不安起因於不信任人性。

那是來自過去曾被人背叛或傷害時所感到的痛苦經驗所致。

這是一種「如果表現出真實的自我，別人就會否定我、批評我、拋棄我、輕視我、討厭我」的信念，亦或是「沒人懂我的心情」這種信念。

但是，我們會因為那種對別人的不信任而變得孤單，人際關係也會變得痛苦。

因此，雖然不相信人性害怕接受援助是理所當然之事，但這就等同你說因為我身體不舒服，就不去看病了。

也許之前你也是出於不安所以選擇了這種模式，才導致孤獨等痛苦。

但是要跨越那種模式，獲得別人的支援來面對自己，這樣從今以後，你才不致於持續背負相同的煩惱、痛苦、不滿，也才能構築你所希望的人際關係。

抗拒解決內心傷痛的理由(3)

「我是以抗拒與憤怒為原動力堅持過來的，如果失去它們，我就會變得怠惰、無法再堅持」之信念

很多人持有這種信念。藉由抗拒與憤怒而堅強生活的人，會拒絕放棄此種信念。此種心理往往是自己在不自覺的下意識中所為。

「可惡！」、「我會給他好看！」這種抗拒與憤怒會給予我們不向逆境與挫折屈服並且與之對抗的力量。

持有那種信念過來的人，是藉由抗拒與憤怒完成了重要的事。因為至今為止的人生，藉由抗拒與憤怒來忍耐、堅持是最佳良策。由於深知自己如此，所以就非常害怕放下抗拒與憤怒。

只是，以抗拒與憤怒為原動力來過生活有諸多負面之處。

首先，會出現許多對你的憤怒有所反應之人。你會一直持續吸引憤怒的人，諸如那些

傷害你、欺騙你、攻擊你、鄙視你、意圖妨礙你做你想做的事情的人等等。因而你得經常應戰，接連感到「凡事都不順利」。

並且，置身於與那些人的爭戰中，你也會傷害到別人，因此就會暗自為罪惡感所苦。以我心理諮詢的經驗得知，**對別人懷有怒意的人，也會對那人持有一種自己沒有意識到的罪惡感。**例如對自己的父親懷有憤怒與怨恨的人，在自己也沒有意識到的情況下，會對他父親感到有「自己傷害了父親」、「拒絕了父親的愛」等此種罪惡感，並為其所苦。

甚且，出於是以抗拒心與憤怒為原動力，就會把別人當壞人，深信「那個人害我成了一個受到不合理痛苦、無助、而悲慘的犧牲者」。身為犧牲者的生活非常痛苦，且由於把自己視為是個無助的犧牲者，就無法認同與接受自己的強韌。雖然是以抗拒心與憤怒而獲得力量，但內心卻感到極端無助。

例如，在職場是個有能力又強勢的上司，內心卻感到自己是個脆弱的上班族的人就屬此類。

那樣的人所懷的「自己是個無力的弱者」之信念成了現實，有可能招致諸如「無奈受公司高層的決策與公司內部的派系所折騰」之經驗。

再者，因為抗拒心與憤怒會斷絕人與人之間的關係，導致你獨過寂寞人生。我們本來內心就存有愛，因而當我們無法愛人時，內心深處就會懷有無聲的痛苦。

如果你厭倦了那種生活方式，從今以後可以選擇以愛與感謝為動力的生活方式。如果能那樣過生活，你會意外地發現不再輕易為困難所挫，你的人生會變成較為受人際關係溫暖所惠的和諧人生。

抗拒解決內心傷痛的理由(4)
「如果我原諒那個人，自己也會變得像那個人一樣，所以我必須相信他是個壞人才行」之信念

不少人相信「因為父母對我很糟，所以我要以父母當反面教材，來深愛、善待自己的孩子」。

同樣的，也有很多人持有「如果我原諒施暴的父母，我或許也可能聽任憤怒而對人施暴。所以我得把父母當壞人，繼續否定他們才行」之信念。

不過為了相信「那傢伙是個壞蛋」，就必須有個「善良的犧牲者」、「無辜的受害者」，故持有「那傢伙是個壞蛋而我是個可憐無助的犧牲者」的信念是必要的，因此你就得當個可憐又無助的人繼續過你的生活。

甚且，**若以別人當反面教材，自己反而也會和那個人做相同的事。**

例如批判虐待孩子的父母的人，就會傷害較為弱勢的人；批判有外遇的人，不久自己

也會發生外遇，或不把愛與關心放在自己在乎的人身上，轉向關愛別人（如妻子不關愛丈夫而關注孩子、家庭以外的朋友、工作等），這本質上與外遇相同。

其實，當我們對著別人生氣亦或對別人懷恨在心時，就被那人所支配了。只有當你身處能感受對方的愛與感謝的狀態時，你才能從那人的咒術中解脫出來。那時，你就可以脫離那人的支配獲得自由，過上充滿喜悅的人生。

抗拒解決內心傷痛的理由(5)

意圖藉由不幸讓別人道歉、或以罪惡感折磨別人

相信「因為父母不夠愛我讓我很不幸」、「因為父母虐待我讓我得不到幸福」而懷恨父母的人，會下意識希望藉由自己持續的不幸，讓父母知道他們傷害自己有多深，而在未來的日子讓他們向自己道歉。這是由於相信如果自己得到了幸福，會永遠失去讓傷害自己的人知道「你害我受傷有多重、害我多麼不幸」的機會。

「即使犧牲自己的幸福也要貫徹正義」，亦或「讓對方承認自己的過錯」這種想法是很人性、也是很理所當然之事。但是，因為那個期望而持續受苦的人並非是對方，而是你自己。

再者，假設有一天對方道歉了，你也無法真心接受，痛苦也不會因此消失。由於懷著仇恨與痛苦共存的時間也回不來了，就會覺得「事到如今道歉有什麼用」。這種人持續痛苦的原因，不是出在他人，而是出在選擇持續受苦的自己。

同樣的，藉由表現自己的不幸來報復別人的心理，屢屢存在於自殺者的內心。他們在

怨恨別人造成自己不幸的同時，也會摧毀自己。

但事實是，就算你自己持續遭受不幸，對方也不會真心承認責任出在他身上。即便對方承認了，你也不會變得幸福。因而就那樣終其自己不幸的一生。

我再更進一步告訴你另一件重要的事實。

我們在對別人感到諸如憤怒、憎恨、輕蔑等負面情緒時，其實是在否定自己本質上也曾將對方的行為同樣加諸於別人身上、或正加諸於別人身上的罪惡感。

換句話說，我們之所以會否定別人，是因為我們看到別人做了自己本身下意識感到有罪惡感的行為。

原諒．不原諒別人，看起來似乎是對別人所為，但其實是對自己所為才是。因為對別人懷有負面情緒，形式上雖有不同，但本質上卻是在否定做了相同行為的自己，因而無法喜愛自己。

例如以先前所舉的例子而言，那些批判別人有外遇的人，自己在過去或現在也同樣有外遇的行為，亦或不是對自己重要的人而是對別人表達愛與關心、不信守與某人的承諾等，形式上雖有不同，但本質上與外遇無異。因此會暗暗討厭自己、為自己的所作所為感到羞恥。

而我們要能活得喜愛原有的自己與感謝自己，就要能夠喜愛別人原本的樣子與感謝別人。到了那時，我們才能從別人的咒術中解放，培養充滿快樂的人際關係。

抗拒解決內心傷痛的理由(6)

「明明是那傢伙不好，可是他卻過得逍遙自在。而我卻必須改變自己，這多麼不公平啊！」之想法

有時我們會太執著於主張自己的正當性，過度堅持認為別人應該要改變的信念，讓我們選擇了不幸之路。

但事實是你愈是憤怒地想說「是對方的錯，自己沒有錯」，則愈會讓自己變得不幸。那才是最不公平的事。認為自己是犧牲者的信念，只會讓自己變得不幸而已。

今後你自己要過得幸福才算公平。在憤怒的原因解決時，你就不會再苛責是對方的錯了。

抗拒解決內心傷痛的理由(7)

「因為父母不幸，所以我也得陪他們一起不幸。自己過得幸福就是背叛父母」之信念

孩子會希望父母過得幸福。當父親或母親有方不幸時，孩子就會想要幫助不幸的那一方。

例如，父親對母親施暴與辱罵，孩子長大後就會相信自己得守護母親、安慰母親，成為母親的支柱才行的情況即屬此類。亦或，也有人相信因為父親得了憂鬱症，成長過程中自己就得當父親「不幸的同伴」、「同樣表情抑鬱、不能讓父親看到自己快樂地生活」。那樣的人會感覺如果自己過得幸福，就像是棄不幸的父母於不顧一般。

但事實上**對父母而言，再也沒有比「自己害孩子不幸」更痛苦的事了。你從父母身邊獨立，照顧好自己、過得幸福、感謝父母，讓他們知道你過得幸福，就是父母親的支柱。**

以下是如果自己過得幸福，就會感到背叛別人的例子。失去重要之人而沉浸於悲傷中

的人，有時就會相信倘若自己過得幸福，便會忘記自己在乎的那個人，因而下意識地選擇了永遠沉浸於悲傷中。

但事實是，你因那個人的死而不幸這件事，不代表你就在乎那個人的生死。被留下的人要珍惜那個人所給予的有形、無形的禮物，過著充實的人生，才算珍惜與那個人一起度過的時光與他的逝去。

抗拒解決內心傷痛的理由(8)

「假若因為自己的責任而獲得幸福，那至今過得不幸不就成了無需的痛苦。我哪可能接受這種事實」之信念

人有時會為了正當化過去而犧牲未來，並會強烈抗拒接受要為自己的人生承擔責任。於是就會相信「自己的不幸是那個人害的」、「是社會害的」、「是自己的殘疾害的」，同時也會相信拯救自己的救世主總有一天會到來。

另一方面，若持續那樣過生活，遲早要面對救世主的願望是種幻想這一事實，那時內心就會崩壞，變得對人生感到絕望、抑鬱、自暴自棄。

但事實是，若為了將以往的不幸正當化而犧牲未來的幸福，就浪費了從以往的痛苦中所得之所學、堅強、與經驗了。

我們不只會從喜悅中，也會從痛苦中獲得寶貴的禮物。

諸如自立自強、愈挫愈勇、不屈不撓、成為自己內心支柱的人、幫助自己的人、關心自己的內心世界、內心豐富的世界、發現興趣與愛好等等。活用至今從痛苦中所獲得的禮物，負責自己今後要過得幸福才算活用過去之所得。

抗拒解決內心傷痛的理由(9)

「如果自己脆弱又不成熟，就能依賴別人生活，過得既安全又幸福」之信念

有人會尋求拯救自己的救世主，持續依賴他人而活。但是，假若那樣過生活，自己就無法尊敬自己，無法拭去對自己的輕蔑，是以就會持續遭受自卑感與否定自己的痛苦。並且由於我們一直否定自己的能力，就會變得無能為力，持續為人所擺佈。

而當你放棄自己的能力去依賴別人時，人際關係就會變得極為痛苦。

與其如此，當你為自己負起責任而活時，便能尊敬自己，不再受人擺佈，也能重新開始更加享受快樂的人際關係。

表面的改善只會讓你更加遠離解決之路

容我重複再述，我們的內心本來就具有自我療癒的力量，它會希望自己「變得幸福」、「從根本治癒內心的傷痛」、「解決痛苦的原因」，並有力量朝那個方向成長。然而與那些願望及成長力量相反的是，我們的內心也會抗拒面對心痛與解決。

我介紹了抗拒解決的九種常見理由。由於那些理由，我們會避免面對去解決因不幸、沉重負擔、壓力等造成之內心傷痛，只掙扎著試圖消除人際關係的沉重負擔、壓力的症狀或減輕它們而已。但是我們卻沒察覺那是自己在妨礙自己走向幸福之路。

接下來談談我往日職場的這樣一名上司。

喜歡談論心靈理論的上司

我在美國工作時，有名女上司很喜歡談論心靈理論。她去聽了一位著名的心靈導師「善

待別人」的演講，覺得演講很「精彩」而感動，之後逢人便說「現實是自己內心的反映」，甚至還在文章中寫道「人的存在很尊貴」。對公司以外只看到她公眾一面的人而言，她是名享有盛譽的女性。

然而，那名上司在職場完全是張不同的面孔。

有次，我與她一起前往會議室，她深信要來參加會議中的一部分人是「壞人」，於是「為了保護自己免受壞人的波動影響」，在身上帶了防護用品。

隨後又說「為了保護自己免受壞人邪惡能量之害」，要誦經後才進入會議室。

然而會議一開始，那名上司比任何人都先開始咒罵她厭惡的職員。

散發出「邪惡能量」的人才是她。

她平素對那些不合己意的事都會「怪罪別人」，敵視所有人，經常在會議上發怒並大聲攻擊別人，在背地裡論人是非。

公司內其他部門的人也都知道她是個「具攻擊性的人」、是個「麻煩人物」。

那名上司的自卑感非常強烈，長年來一直在服用治療憂鬱症的藥，也受高血壓等各種身體不適所惱。在我看來，她因為自己本身的憤怒，導致自己身體與心裡都在受苦。

別再因為想要輕鬆而依賴「它」

就如那名上司一樣，我們會回避審視與解決自己痛苦的原因，只圖消除或減輕痛苦的症狀。先前我所提的那名上司，就是想以心靈教義、防護波動用品、抗憂鬱藥等來設法解決自己的痛苦。

接著，我來舉出就像那名上司一樣，只圖減輕痛苦症狀中最常用的方法。

- 以學習心理學所得之知識與理論以圖解決
- 聽從別人的建議以圖解決
- 求救或求教於算命師、氣功師、能量導師、通靈師等人以圖解決[1]
- 深信應該會有人來拯救自己而持續依賴別人。若對方未能盡如己意便責怪對方
- 試圖藉由「正面思考」讓自己不會感到痛苦與不安
- 以「也沒感到什麼特別不幸的」心態來否定自己痛苦的情緒

・由於想逃避孤獨、人際關係的壓力，因而藉助諸如酒精、藥物、食物、購物、參加派對、性愛、娛樂等方式，以求短暫的緩解

・因為對人際關係感到痛苦，所以迴避解決痛苦的原因。相反的，把大把鈔票花在美姿美容、美容整形、穿戴名牌、獲得學歷、取得資格、擁有頭銜並試圖得到為人欽羨的戀人與配偶

・為了不要感受自己的內心，總是以忙碌填滿自己；為了不要空出時間，用事情塞滿自己的行程，讓自己成為工作中毒者。並且，為了逃避靜謐的時間，就以電視、網路影片、收音機、音樂等聲音來填滿空間

參照

1　有時具有實力的算命師、氣功師、能量導師、通靈師等的幫助的確會有所助益，但前提是他們不會強迫你相信他們、不會強令你做事、不會讓你感到恐懼、不會脅迫你、不會讓你變得依賴，而是在擁有高度實力的同時，尊重你的自由與選擇、不會讓你變得依賴他的專業人士。只是，有很多人在避免面對自己未解決的內心傷痛下，只為消除痛苦而依賴那些專業人士，即使因此心情暫時變得輕鬆，問題依然沒有解決。

向前邁出一步！

煩惱是我們邁向成長的機會。

我們的內心對於解決煩惱的原因會產生下意識的抗拒，它只圖減輕痛苦的症狀而不解決原因。但真正的解決辦法並非是對痛苦的原因視而不見、假裝沒有痛苦、不去感受痛苦。

那麼為了真正解決人際關係的煩惱，需要何物？要怎麼做才能讓人際關係好轉呢？

從下一章開始，我會傳授你那具體的方法。

實踐篇

共鳴療法 ❹

以「治癒兒時內心傷痛的療法」來消除內心的傷痛

從內心接近自己

這樣做女性就會心滿意足了

終於從這裡要進入實踐篇了。

本章首先會傳授你自己進行「治癒兒時內心傷痛的療法」。

這種療法會帶給你在以往的人生中未能充分得到的溫暖與關心。從而一步一步地治癒那產生人際關係痛苦來源的內心傷痛、空虛感與不安。如此你的內心就會慢慢感到滿足與安心，隨著內心愈是滿足與安心，人際關係就會變得輕鬆愉快。

在講述具體方法之前，我們先從一位女性臨床心理師的故事說起。

她因為以下的煩惱前來我的心理諮詢室。如果她男朋友想與她保持點距離，她就會陷入嚴重的不安，感到活得痛苦而嚎啕大哭，心情嚴重低落。有時她也會突然恐慌症發作、夜晚難以入眠、工作壓力大。

那位女性在接受我兩次課程治療後，寫下了她的感想。我得到她本人的允許，節錄其中一部分介紹給大家。

透過兩次的治療讓我學到的是「首先得珍惜自己才行」這件事。

以前我一直認為「自己不幸福沒有關係，只要別人幸福就可以了」，但是那樣似乎不算重視別人。如果我們不重視自己，也就無法重視別人。

要相信別人，就必須要相信成為別人基礎的自己。從而我也理解到，安全感並非由別人所給予，而是由相信自己的內心所產生的情緒。

當我們有了相信「我是如此被珍惜」的心情而得以安心時，對別人的憤怒與害怕被背叛的心情就會變淡，孤獨感與不安也會減輕。

於是，我不會再因為有段時間沒有收到男朋友的訊息就陷入強烈的恐懼。長年以來為之所苦的失眠與恐慌症發作、躁鬱等情形也好轉許多。我自然而然地變得能夠好眠了。

那是由於我對自己產生了一種「有人愛著原有的我」、「我相信自己」的信任感。察覺到這些事才是治癒我的最佳良藥。

這位女性學到了如下事項。

重視自己才是最重要的事。不重視自己也就無法重視別人。要相信別人，你得先相信自己。安全感是來自於相信自己所產生的情緒。

雖說如此，不過即便自己在腦海中想著「要重視自己」、「要相信自己」，也難以如願。但是隨著受傷的感情得到療癒，會產生對自己的信任感，人際關係的痛苦也會逐漸減輕。

我會在本章傳授你自己進行「感情療法」以助你踏上療癒與成長之路。

治癒兒時內心傷痛的療法①
放鬆身體、感受身體

珍惜自己、信任自己首先最重要的就是要放鬆身體。

先深深吐氣，然後再深深吸氣，重複幾次這些動作。再來停止呼吸，全身緊繃用力，讓身體感到緊張，之後在吐氣的同時放鬆全身。重複這些動作來放鬆你的身體。

身體舒緩放鬆後，比較容易感受到自己的身體。先來感受一下呼吸吧。用你的嘴唇或鼻腔（鼻孔）來感覺吐出的氣。在你吸氣時嘴唇或鼻腔會感受到些許沁涼的空氣吧。而呼出的氣應該比這些吸入的氣稍微溫熱一些。我們先來感受一下那樣的空氣吧。

順便也配合呼吸，感覺你的胸部和腹部隨著呼吸上下起伏。接著感覺你吸進去的空氣進入到你身體的哪裡去？進入胸部了嗎？到達你的腹部了嗎？然後也感覺一下你呼出的氣體是從哪裡來的？是從胸部通過喉嚨，再從嘴裡還是從鼻子裡出來的呢？

待你能慢慢感覺到呼吸後，請閉上眼睛，感覺一下自己的身體。只是感覺在凝視自己的身體而已。例如你能感覺到椅子施加於臀部的壓力嗎？有沒有覺得身體有哪個地方感到緊張呢？會覺得胸口有點悶嗎？會呼吸困難嗎？手或手指有沒有些微的刺痛感？閉著的眼睛會感到疲累嗎？或覺得哪裡有點痛嗎？

任何感覺都可以，只要感覺一下你的身體。那是邁向意識自己本身的重要的第一步。讓我們把「那個人是怎麼看待我的？」、「這個人如何又如何」這種光是專注於外界的注意力轉移到重要的自己身上。

將注意力轉移到自己的內心

將注意力轉移到自己的身體而感覺良好之後，請也將注意力轉移到自己的內心看看吧。你現在感覺如何呢？是感到悲傷、平靜、還是心裡有點焦慮與不安、亦或心情有點愉快呢？或許也可能會有某些記憶被想起、某些話語或想法浮現腦海。

此時重要的是不要去判斷心裡所想的事是「好」還是「壞」，只要用心察覺即可。再者，也沒必要去探尋、分析「為什麼會有這種感覺？」的答案，只要保持那種感覺即可。並且也沒有必要努力搜尋什麼東西。如果心裡沒有浮現任何東西，那就是你現在的內心，那樣也很好。沒有浮現任何東西是什麼樣的感覺呢？眼前一片空白嗎？是一直停止什麼都沒在動的感覺嗎？是為了不要感覺到、看到任何東西，而把門窗都關上的感覺嗎？只要感受看看就好。

像這樣只感覺自己的身體與內心是極為重要之事。平常就要儘可能這麼做。這是珍惜自己的重要的第一步。

感情是為了用來感受而有

我們心裡多多少少都具有「不可以感受自己的感情」、「害怕感受自己的感情」等信念，因此就會壓抑感情、無視感情，導致無法深刻感受自己的感情。於是糾纏不清的感情就成了痛苦煩悶的情緒。

由於具有這種「不可以感受那種感情」的想法，其痛苦有時更甚於憤怒、憎恨、嫉妒、抑鬱等令人厭惡的感情本身。你愈是抗拒自己的感情，痛苦就會持續愈久。

例如，你厭惡嫉妒與憤怒，因此討厭感覺到嫉妒與憤怒的心情。然而當嫉妒與憤怒的感覺湧起時，因為你具有「那是種不好的感情」的想法，所以會更加強化自己的痛苦，責備自己不該感受到那種感情。

還有，**相信「不可以感到受傷與脆弱」的人，在他即將感到脆弱與受傷時，有時會為**

了否定那種感覺而感到憤怒。

此種情形尤以男性居多，其中也有些人會虐待他們的妻子或戀人。當他們因為妻子或戀人的言行感到諸如自己沒有價值、害怕被拋棄等軟弱的情緒，就無法原諒具有那種感覺的自己，取而代之便會爆發他們的憤怒。

再者，也有人壓抑與凍結自己所有的感情，藉此讓自己不會感受到任何感覺。如此便既無感動亦無喜悅，每天的日子成了沒有色彩、黯淡無光的陰暗晦日。

感情是為了用來感受而有。若你否定感情是種「不好」的感覺時，內心就會因為扭曲而感到痛苦。珍惜感情不是要你怒氣沖沖地罵人、忽視別人、對人暴力相向、或道人是非。珍惜感情是要你認同任何感情都很重要，而去好好感受它們。這對你珍惜感情、療癒心靈而言是件極為重要之事。

讓慾望付諸實現吧

你自己感覺到什麼呢？只要關注你的感覺，就會察覺自己具有絲毫沒有掩飾的慾望。別對你的慾望視而不見，也別去判斷它是「好」是「壞」，就讓它付諸實現吧。例如，儘管是冬天，但你可能想吃香草冰淇淋，那就去買香草冰淇淋吃吧。

那是我在美國當心理諮詢師時的事。有一天我感到心情疲累想去海邊，但是開車到海邊需要兩個小時。

我想說「也沒有人陪我去、去到海邊也不一定有什麼東西好看、也沒事可做……」，於是一直都沒有成行。在無視這種慾望大約半年後，有一天我終於一個人去了海邊。我隨心所欲地躺在無人的沙灘上、赤腳放空腦袋坐在海邊，就那樣度過了大約五個小時。那是一段非常美好的時光，因此我後悔「要是早點來就好了」。

那次的經驗教會了我重要的事，那就是要重視自己內心與身體的慾望。

不要認為自己的感覺「無足輕重」、別判斷自己的感覺是「正確・錯誤」，只要滿足自己的感覺就好。

其實就在我寫這本書的當下，我才剛剛那樣做。今天我沒有安排任何忙碌的諮詢行程，整整一天都執筆在寫本書。

從上週開始，我就衝勁十足地期待「寫書日當天一定要寫很多東西！」。然而就在昨天，我感到心情疲累。因此，我凝神感受自己的內心「我到底想怎麼做？」，結果發現我想要「在綠意盎然的山中感受大自然的氣息、嗅聞大自然的氣味、凝望樹椏間的樹葉、聽著鳥鳴與風聲並悠閒地度過」。

但我想「如果我不快點寫，將無法趕上截止日期。寫完後，我想去旅行個兩天一夜」。

今早我靜坐瞑想，發現自己「想去須磨森林」。於是，我還是決定為自己留點時間。

直到先前為止，我還赤腳坐在可以眺望大海的須磨森林高岡上俯瞰大海、在高岡上和衣而臥。然而不知為何我感到難過。仰躺於草地上、和衣而臥仰望天空，只是一直感到悲從中來。然後，就那樣悲傷一點點地消散，我變得想寫起書來了。

於是，我起身走在森林裡，忽然有了一個想法：我可以追加「感受自己的內心與身體而珍惜自己」那一章的內容。因此，我來到海邊這間時尚的咖啡廳，執筆在寫這篇文章。

假使我無視自己這自然而然的慾望，「因為沒時間了」就按照計畫從早寫到晚，應該會無法按照進度進行，也不會浮現寫下這一章的點子吧。

尤其更重要的是假使我的文章裡，含有我身心僵硬而感到悲傷的心情，那也會感染讀者你吧。

治癒兒時內心傷痛的療法②
「治癒兒時受傷的心靈」

當你在人際關係上感到諸如憤怒、受傷、不安、悲傷、罪惡感、無力感等痛苦情緒時，並非是有理性而成年的你所感覺，而是存在於我們內心那個兒時受傷的自己所感受到的情緒。那個兒時受傷的自己非常需要被愛、得到認同、得到慰藉。由於未能充分得到那些關愛，所以至今稍微發生點事情，那個傷口就會發疼。

因此，我們有必要對兒時的自己軟語溫言，體貼入微地關懷。我來告訴你那個方法。

給自己獨處的時間，然後閉上眼睛深呼吸，放鬆身體讓自己靜下心來。

凝神感受自己痛苦的情緒，花點時間凝神感受。那時重要的是別去思考、分析自己為何會有那種感覺、該怎麼辦才好，只要凝神沉浸在痛苦的感覺中即可。

接下來，凝神感受自己的內心是否有個兒時受傷的自己。這樣一來你也許能用心眼看

見悲傷、憤怒、孤獨、受傷的兒時的自己。當影像浮現時，請用你溫柔的眼神好好看看那兒時的自己。如果你感覺到的不是影像，而是兒時受傷的自己，就請好好感受那兒時受傷的自己。你能感覺大約是幾歲左右嗎？他是什麼樣的表情呢？是在小聲哭泣嗎？還是在嚎啕大哭呢？他在生氣嗎？看起來寂寞嗎？還是面無表情呢？

然後，凝神感受一下兒時自己的情緒吧。他悲傷嗎？因害怕而畏縮嗎？他在生氣嗎？他充滿了憎恨嗎？他被嫉妒的情緒淹沒了嗎？他充滿了自我厭惡與罪惡感嗎？亦或是面無表情呢？

你要先柔聲跟那兒時的自己打聲招呼。

就像「你好，你在那裡啊」。

然後再感受一下他是否有回應。那時重要的是不論那兒時的自己有沒有開口，你都要柔聲安慰他。若你感覺他有所回應，別去評判只要接受就好。

那兒時的自己應該會感到痛苦的情緒才對。不論那是何種感覺，你都要慎重接受那種感覺，且以言語表示你的理解。

「你很生氣吧。」

「你很寂寞吧。」
「你很悲傷吧。」
「你很難受吧。」
「你覺得自己是個壞孩子而感到悲傷吧。」
「你一直很忍耐對吧。」

如果那兒時的自己因為被大人辜負而受到嚴重的傷害，也許就無法信任你而沒有開口。你要慎重接受他的心情。其實那兒時的自己應該是希望你能了解他的心情、希望你能接納他、在乎他。你要體貼他的心情，柔聲與他交談。

「你不能相信我嗎？肯定是有人辜負了你吧。」
「你不想再受到傷害了吧，是嗎？你真的很受傷吧。」

只要以關懷的心情陪伴他就可以了。如果那兒時的自己能接受你關懷的心情，就對他說些他所需要的溫柔的、安慰的話吧。

「你很努力了喔。」
「已經不要緊了喔。」
「我最喜歡你喔。」

有時內心受傷的兒時自己可能會責怪自己。

諸如「那時我對爸爸說得好過分」、「我打了弟弟」、「我考試考得很糟讓媽媽失望了」等等。內心受傷的兒時自己應該會因為那些事而長時間責備自己。假如內心受傷的兒時自己一直在責備自己，你可以對他說「你到現在一直都在責備自己吧。你這麼責備自己，已經夠了」替他解放自己。

另外，如果可以的話，請務必在你所描繪的印象中以言語以外的形式給那兒時的自己一些關愛吧。如長大成人的你給那兒時的自己一個溫柔的擁抱、請那兒時的自己吃他喜歡的食物、陪那兒時的自己一起在原野、或公園等地玩耍等等。還有，也許除你以外，其他人也可以給那兒時的自己一些關愛。如和藹可親的爺爺、奶奶、父親、母親、溫柔的老師、天使、動物與寵物等等。那時，就請那人前來你所描繪的印象中，為你那兒時的自己做些能讓他感到心滿意足的事。像是請他柔聲與兒時的自己交談、請他給兒時的自己一個擁抱、收下兒時的自己珍貴的禮物等等。

並且，你的身體會感受到「那內心受傷的兒時自己」。感覺到那兒時的自己就在你的胸部或腹部等處，那時就請你溫柔地盡情撫摸他。

要幫那兒時的自己做他需要的事，直到他內心感到滿足與安心為止。

最後，要運用你的想像力構思一個將那孩子溫柔包覆的地方。以蓬鬆的羽毛做成的搖籃、一張用溫暖的被子與毛毯鋪成的床、一間非常安全而舒適的房間等等。輕輕地把那孩子放在那裡，用溫暖的愛填滿那個地方。

慢慢來、小心謹慎，別著急

當我們要療癒內心受傷的兒時的自己時，總之就是要溫柔以待。別斥責他、別勉強他做任何事、別試著要他聽你的話、也別催促他。並且，要確實確保自我演練的時間，慢慢花點時間做場必要的深度對談。要確保你可以平心靜氣地與你內在的兒時的自己進行互動，不要只是形式上柔聲以對，而要深切地、盡情地去感受你那兒時的內心。

重複這項演練的次數愈多，你的心情就會變得更加輕鬆。即使一開始感覺不到任何變化，也要慢慢地、不慌不忙地、一遍又一遍地去感受你那內在的兒時的自己，來進行療癒的工作。

再者，如果有人願意傾聽而不會評論與否定你說的話，你可以跟他談談在療癒內在的兒時自己時的感受與察覺之事。

因上司說的話而無法成眠

職業婦女秀子小姐被嚴格的上司退回了報告書。

當時她只是想說「啊、沒辦法」而已，但那晚回到家一個人獨處時，她不由得惱火起來。她上了床，想說「這樣心煩氣躁也沒用。不早點睡不行，不去想它了」，但無論如何那件事始終揮之不去，令她憤怒難消。

那時秀子小姐想到，可以藉由意象來療癒感情痛苦的原因，於是她決定來感受她內在受傷的兒時自己。她從床上起身，把手放在胸前，慢慢地做了深呼吸。她感到內心裡似乎有個孩子在，雖然看不清楚那孩子的樣貌，但當她凝神感受那孩子時，感覺像是小學一、二年級的學生，因為受傷而感到悲傷的樣子。她覺得胸口有些微刺痛，像是那孩子在秀子小姐的胸口處哭泣。

秀子小姐輕撫著胸口對那孩子柔聲說「晚安。嗯嗯、妳很傷心，對吧」、「沒能得到肯定讓妳很受傷，對吧」、「妳明明那麼努力了，真難過，對吧」、「真氣人，對吧」。

秀子小姐似乎感受到那孩子的悲傷與不甘，因而眼裡噙滿了淚水。那孩子抽抽搭搭地哭了好一會兒，不過在秀子小姐溫柔的守護下，不久她感到那孩子似乎停止了哭泣。

秀子小姐在她的意象中，用滿滿的愛包覆了那孩子。隨後腦海浮現鋪滿羽毛的搖籃，將那孩子輕輕放入搖籃裡，並且搖籃裡也充滿了愛。然後，她下了決定「這樣做的話，從今以後，這孩子就能在我心中以羽毛與關愛編織而成的搖籃裡繼續療癒」。

最終她做了個深呼吸，上了床，沉沉入睡。

將療法融入日常生活中

要治療內在創傷的重要療癒智慧有「任何感覺都很重要，別去評判而要珍惜」與「察覺你兒時所構築的信念」這兩種。我會傳授大家如何將它們融入日常生活中的方法。

我們心中每天都會湧現各種感情與想法，但並沒有其中哪個是正確、哪個是錯誤之分。當你愈是否定真實的感情與想法是「不可有的東西」，你的心愈會因扭曲而痛苦。

不論湧現什麼樣的感情與想法，別去評斷、否定、壓抑那些感情與想法，只要你能感覺到它們，就能更自然地活出自己。不過那很難做到完美，因此只要銘記在心，逐步努力實行目標即可。

另一種重要的智慧是我在第二章中所傳達之「限制自我與加重自己沉重負擔的信念，乃是在兒時痛苦的經歷中所形成，現在已非正確的想法」。

在我們兒時發生可怕、寂寞、悲傷、憤怒等痛苦情事時，為了不想再次嚐到那種苦楚，便會下意識形塑某些信念。

例如，可能你曾因考試成績差而被父母責罵、使父母失望。

亦或當你的兄弟姐妹考試取得好成績時，比你更受稱讚。那時你或許就產生了自卑感與罪惡感。

再者當時也許你也害怕失去父母的關愛。一旦有了那樣的經驗，你可能就會為了不要再度感到有自卑感、罪惡感、失去父母關愛的恐懼感等，而下定決心「從現在起我每次都要拿到好成績才行」，並相信「凡事都要做得完美，得到好結果才行」。

還有別的例子，可能是你受到父母等重要的人拒絕，而有過非常痛苦的經驗。那時，或許你已下定決心「別人終究還是會拒絕我，為了不要再次受到傷害，從今以後，我不會再向任何人敞開心扉」。也或許已下定決心「因為如果渴望別人的關愛而遭拒，內心會感到異常痛苦，因此今後我要相信自己沒有被愛的價值，一開始就不要渴望別人的關愛」。

同樣的，若經歷表達自己的感受而被父母等重要之人拒絕的經驗，也許就曾下過「因為誠實表現自己的感受就會遭拒，所以從今以後我得隱藏自己真正的心情」這種決定。

但實際上你在兒時所立定的信念已經過時了，不合乎現在的事實。

當你感到痛苦難受的心情、也知道內心受傷的兒時的自己感覺痛苦時，在你安慰那兒時的自己之同時，也可以輕聲告訴他「那件悲傷的事情已經結束，你很努力了。現在跟那

時候情況已經不一樣了喔」。

本章已傳授一種你可以自行治癒內在傷痛的療法。當你感到痛苦時，請務必重複施行那個療法。

若你好好重複施行那個療法，隨著內心感到療癒、滿足的同時，你的人際關係也會隨之變得輕鬆而豐富。

在下一章中我會更進一步傳授你，讓在人際關係中所遭受的痛苦情緒變輕鬆之迴然不同的攻略。

若本章傳授你的方法可視為情緒療法的話，那下一章要傳授你的方法就可說是睿智的攻略。

實踐篇

共鳴療法 ❺

以「德馬蒂尼法則」來改變人際關係的基礎

接受新的價值觀與世界觀

樂觀的靈性教義

許多靈性導師們都在傳達「做你自己就好」、「一切都很完美」這種相當樂觀的訊息。此種訊息尤其是在被稱為「新時代系列」的書籍裡最為常見。

例如，透過名為莫里斯．巴巴內爾的英國人，從一九二〇年代起為時五十年所帶來的靈性啟示錄《白樺靈訓》（潮文社）的日文翻譯本第一集。書中寫道：宇宙是由無懈可擊的法則所支配、由完美的睿智所創造，而我們被上帝無限的愛所包圍。

據說美國人尼爾．唐納德．沃爾什因受到上帝的啟發而寫成《與神對話》這本書，於一九九五年發行時在美國成了空前暢銷書，其後被翻譯成四十多種語言，也成為包括日本在內的世界許多國家的暢銷書。

那本書被視為是來自上帝的訊息，書中充滿了諸如以下的信念：「一切事物中都存在著完美，因此在最大的悲劇高峰時會見證到生命的榮耀」、「上帝只會派遣天使來人間」

等等。

並且，「生命中發生的一切美好都是為了自己與所有自己相關的靈魂。都是為了按照你想成長的願望，為成長的目的而完美發生」。

以及傳達「自己所遇之人、所在之處、所發生之事，一切都是由完美的造物主所完美創造。而所謂完美的造物主乃在於你自己的心靈，透過自己創造出來的我，那就是你自己」這樣的訊息。

為何靈性教義發揮不了作用呢？

喜歡闡述靈性的人一提及這些訊息，屢屢就激賞萬分。不過我卻認為幾乎沒有人真正理解那些訊息。

之所以這麼說是因為我身為專業心理諮詢師的經驗及與眾多人交流而來的經驗得知，大多數喜歡闡述靈性的人，不僅不認為「自己這樣就好」，內心還會感到強烈的自卑感、對自己過去的行為感到罪惡感。

再者他們之中幾乎所有人對自己的父母、配偶、過去的戀人、朋友、熟人等內心隱藏憤怒，並且經常將「愛很重要」的靈性教義用來當作壓抑憤怒的工具。在沒有察覺自己的憤怒之下，試圖維持「自己是個充滿愛的人」之虛假的自我形象。那些人也許會說「我沒有討厭任何人」、「我沒生任何人的氣」，他那麼說時也許無意說謊，是真心認為如此。

不過那些人的真心裡，其實會對別人感到憤怒、對自己感到否定、自我肯定感極低。

其典型的例子就在於我第三章所提，那名喜愛靈性教義卻擁有強烈自卑感、敵視所有人、認為「都是那些人害的」、開會時經常發怒去攻擊別人、在背後說人壞話的上司。

對幾乎所有喜愛靈性教義的人而言，「做原來的你就好」、「一切都很完美」等此種正面的訊息，只不過是一種慰藉而已。那種慰藉不會成為活生生的現實。

但當你了解那樣的靈性教義確實在自己的人生中運作的真相時，人際關係中所產生的憤怒、傷害、悲傷、罪惡感就會從根本消失，內心會輕鬆很多，你就能活得神采奕奕。

而將它們化為可能的則是「德馬蒂尼法則」。

德馬蒂尼法則的驚人效果

所謂德馬蒂尼法則乃由被譽為「現代哲學家」的美國人約翰．德馬蒂尼氏所開發的一種心靈援助法，該法則有助於解決所有內心的痛苦，對人際關係的煩惱具有以下效果。

- **對他人的憤怒、憎恨、傷害就會消除，讓自己充滿愛與感謝。於是就得以從過去的詛咒束縛解放，讓自己活得更愜意而精神奕奕**
- **對人際關係感到不安、自卑感、罪惡感等會消失，心情會變得輕鬆**
- **消除「都是那個人的錯」這種受害者意識與無助感，不再受他人所擺佈**
- **消除失去重要的人時所產生的悲傷情緒**

並且德馬蒂尼法則不僅只對人際關係，它還具有以下效果。

- **你會愈來愈深愛原有的自己**
- **消除疾病與障礙所產生的痛苦**
- **提高工作意願**
- **湧現活出自我的實際感覺與成就感**
- **發揮以往未被充分善用的技能與才能**
- **原已精力充沛又成功的人，得以獲取更上一層的成功與幸福，更進一步發揮自己原有的能力**

首先我將在本章介紹德馬蒂尼法則所立足之世界觀，而在下一章介紹自我演練的程序。

德馬蒂尼法則的世界觀①「世界乃由平衡架構而成」

德馬蒂尼法則的世界觀之一是「世界乃由平衡架構而成」。**亦即，所有「正面」事物裡都含有等量之「負面」；反之，一切「負面」事物裡也都含有等量之「正面」。**

但它並非意味著「不幸中之大幸」所表達的「壞事中也會有些許好事」、「發生好事之後會有壞事」、「發生壞事之後會有好事」等意。

一切事物中都含有等量的正反兩面，亦即不論我們標記為「好」或「壞」的事物另一面，都含有同量的正反兩面之意。

德馬蒂尼法則的世界觀②
「宇宙充滿愛的偉大智慧，為我們至高的成長，一直都會發生最佳之事」

柔聲對待我們、善待我們的人，我們稱之為「好人」；反之，批判與否定我們、不幫助我們的人，我們稱之為「壞人」。

不過當我們這樣看待別人時，我們只看到事物偏頗的一面。

假使所有人一向都對我們評價頗高、只對我們做好事、對我們說好話、一直支持與幫助我們，那我們將變得不成熟且無法獨立自主。

為人所喜愛、受人之善待只會讓我們依賴別人的扶持，在乎別人的意念。

反之若所有人都否定我們、責備我們、駁斥我們，那我們就會崩潰。

我們若要能找到對自己而言真正重要的東西、要以自己的雙腳頂天而立、珍惜它過生

活，就得需要「扶持、溫暖、支持」與「挑戰、冷淡、考驗」兩方等同的能量。

例如，當我們於職場受人嚴厲指責、低度評價的同時，就在那一瞬間，也會有一個或多個人等量地體諒我們、守護我們、高度評價我們。

那些人也許是同職場的其他同事、朋友、你自己的家人。有時責備我們的那個人，在責備我們的同時也在肯定我們。

一直帶給我們同等程度的「扶持、溫暖、支持」與「挑戰、冷淡、考驗」的理由是因為我們會在兩者之間實現最大的成長。

當你意識到它那絕妙的平衡時，就會忍不住敬畏在那運作的偉大智慧。

許多人誤解所謂的愛是「扶持、溫暖、支持」而依賴它們，於是就不明白愛為何物。所謂的愛乃是「扶持、溫暖、支持」與「挑戰、冷淡、考驗」兩者合二為一。

德馬蒂尼法則的世界觀③「能量不會有所增減，只是改變形態存在」

人一旦交了男女朋友，與同性朋友及家人間的感情經常就會變得疏遠。再者，當我們被某人拒絕、與某人感情變得疏遠時，其實也會與其他的某人感情變好。

其理由在於「親密感」這個特性，絕不會在你的人生中消失，也不會有所減少，只不過是改變形態而持續存在。亦即，將你與戀人的「親密感」這種特性加入你的人生裡，以往你與同性朋友和家人之間存在的「親密感」就會等量減少。

同樣的，當我們失去重要的人時，以往那重要的人所提供給我們的正面特性會由其他人來提供。

當你完成我將在下一章傳授你的自我演練時，你就會了解這對你來說是確確實實存在的事實。

例如，我們假設有個因為失去丈夫而悲傷的女性，她感到失去從丈夫那裡得到的以下五種特性而沉浸於悲傷中：「笑容」、「道早安的聲音」、「聊聊有關電視節目與美食」、「一起去購物」、「關心自己的健康」。

不過在那種情況下，失去已故丈夫「笑容」的份量，會由其他人所給的「笑容」等量增加到那名女性的生活裡。如兄弟姐妹、自己的孩子、鄰居、連續劇男演員．女演員等等。那名女性認為她已經失去的其他特性亦然。

例如，自從她丈夫過世後，有人（一人或多人）會代替她丈夫跟她道早安；她丈夫以往陪她「聊聊有關電視節目與美食」，之後也會有人（一人或多人）與她丈夫等量來當她聊天的對象。並且在她失去丈夫後，也會有人陪她一起去購物、與她丈夫等量關心她的健康。

由於失去丈夫而悲傷的那名女性未曾發現這個事實，才會因為失落感與孤獨感悲痛欲絕。但是當她發現且了解原以為已經失去的一切正面特性，全都會由其他人與她丈夫一樣等量給予她自己時，那痛苦的情緒就會產生極大的變化。

並且，那名女性也會發現對現在的自己而言，現今身邊的人等量給她的當前形式，比過去丈夫給她的形式更適合現在的自己。當那名女性發現這個事實時，她會在感謝丈夫陪她一起走過部分人生的同時，也會感謝丈夫透過死亡給予自己珍貴的禮物。在失落感消失的同時，她內心就會充滿對丈夫無條件的愛。

也許你很難立即相信真會如此，因此在下一章我會傳授你如何自己發現這種「人生的偉大智慧」，並非單單只是空洞的知識而是存在於你人生中的事實。那種智慧在你結束演練時就會了然於心。

不過如果你沒有完成自我演練而只在腦海裡思考，就不會相信這些事情乃是事實，所以請務必要完成那些自我演練。

實踐篇

共鳴療法 ❻

逐一消除內心的癥結

「德馬蒂尼法則」的做法①

不再駐足原地

我們會因為「都是某某人害的」、「都是某某人的錯」如此批判與否定他人而受制於他人、為他人所擺佈而感到無能為力。德馬蒂尼法則的目的在於幫助我們別再當個無助的犧牲者．受害者，要取回自己的力量，活出自我，過更充實快樂的人生。

一旦完成德馬蒂尼法則，「我是對的，對方是錯的」這種信念就會瓦解。你需要先下一個堅定的決心：「即使對方有錯也無妨，你會從根本消除對別人的憤怒、怨恨、悲傷、輕視、恐懼等負面情緒。你要活出自我，過更充實而快樂的人生」。

你有如此堅定的決心嗎？如果你能毫不猶豫地回答「是」，那你就已經做好改變自己人生的心理準備了。接下來我就來傳授你有效的德馬蒂尼法則自我演練法。

只有自己發現才能理解

直到小學三年級，我都因為怕水而不會游泳。

雖然大人們都說「人會浮在水面上，任何人都會游泳」，但我確信自己不一樣，因為我在浴缸裡做了好幾次實驗。我坐在浴缸裡，向前伸展我的手臂，但一放鬆手臂的力量，手臂就會下沉。

我將此事告訴大人們，大人們就回我說「肺裡充滿空氣時就會浮起」。於是我就抱著膝蓋坐在浴缸裡，大大地吸了一口氣後憋住，用腳底踢浴缸的地板讓身體浮起。身體在熱水中輕輕浮起後立即又沉了下去。我重複做了那個實驗，更加確信「我在水裡還是浮不起來」。

但我的那份確信在暑假去表哥家住的小島玩時瓦解了。那年夏天，我和擅長游泳的表兄弟們在他們家前的沙灘上下海，然後在淺灘像我表兄弟般把頭伸出海面，像青蛙一樣用我的手腳划水。結果我的身體不就輕輕地浮了上來往前游去了嗎？雖說是因為海水比較容易浮起，但由於這次的契機，之後我也變得能在游泳池游蛙式了。確信「我在水裡浮不起來」的此種意念，在我摒除恐懼毅然決然下水時改變了。

同理，許多靈性導師所教導的智慧也是，若你自己不去實行德馬蒂尼法則靠自己發現，就不會明白那是事實。

即使別人對你說「愛就是一切」、「一切都很完美」、「你值得被愛」、「你就是愛本身」，你也無法相信。

那就猶如以前堅信「在水裡浮不起來」的我。並且，你也可以以冠冕堂皇的大道理來反駁那些話。亦或即使想要坦率地相信，那些話也僅僅只是無力改變人生的知識而已，於是只好認為它們是「正面思考」、「方便的想法之一」。

要明白寶貴的智慧真實存在於你的人生中，就如我透過自己的經驗發現「也能浮在水面上」一樣，你要透過自己的經驗去發現它。那時你對人生的看法就會改變。當看法改變了，連帶感受、行為模式和人際關係也會跟著改變。

只須做4題，就有極大效果

施行德馬蒂尼法則的專家稱之為引導師。在個人的諮詢課程裡，引導師會詢問接受諮詢者十四個問題。隨著回答那些問題，接受諮詢者會逐漸看見以往未曾看見的事實。

而**當你完成那些問題時，就會對以往抱持負面情緒的對象（他人或自己本身）充滿愛與感謝，那時過去的創傷與痛苦也就會從根本解除。**

本章會傳達你引導師所詢問的十四題問題中的四題。因為要一個人獨自完成十四題問題有其難度在，所以你只要完成我這裡所傳授的四個問題，就能消除、或減輕許多你的悲痛與創傷。

那麼我們就來進行德馬蒂尼法則的演練題目吧。

決定對象

要先決定演練對象。請選擇一個你感到憤怒、怨恨、悲傷、輕蔑、恐懼等負面情緒的人，那人就是你的「對象」。

再者，如果你想以德馬蒂尼法則來消除的痛苦感覺是「你自己做了對不起某人的壞事」的罪惡感、或是「自己比不上他」的自卑感、亦或是「做了○○的自己（或是辦不到○○的自己）真沒出息」這種自我否定的情形時，那就代表是你對自己本身感到的負面情緒，因此演練的對象即是你自己。這種情形的演練方法會於本章後面介紹。

決定對象的行為

對象所採取的行動中，**請你「簡短」而「具體」地描述你對「對誰」、「具體採取了何種行動（或沒有採取何種行動）」感到最強烈的負面情緒。**

在對象所採取的行動中，若有多種行為讓你感到強烈的負面情緒時，請明確標示負面情緒第一強的行為、第二強的行為、第三強的行為……等等。不過如果在對象所採取的行為中，你只對一種行為感到特別強烈的負面情緒也無妨。

恰當且明確表示對象行為的例子

以下例子是描述演練對象所採取的負面行為之恰當例子。

「責怪我」
「認為我的意見有錯而否定我」
「對我母親施暴」
「打了我妹妹」
「強迫我做不願意做的事」
「跟我朋友說我的壞話」
「不理我」
「打我（造成我身體的痛苦）」
「沒向班導袒護我」
「認定我說謊」
「沒來幫我」
「不聽我的話」

「對我媽大吼大叫」

不恰當的例子

我再舉些沒有明確表達「對象是誰、具體對何事感到最強烈的負面情緒」之例。如果你所寫的答案符合下列這些例子，就請將它們再更具體明確表明。

①你對對象行為的解釋

「不愛我」
「不在乎我」
「背叛我」
「否定我的存在」

這些是你對對象所做的行為的解釋，並沒有特別明示對象所採取的具體行為。
對象在採取某些行為時（亦或沒有採取某些行為時），你解釋對象的行為是「都是因為他不愛我（因為他不在乎我）才會那樣做」、「那是對我的背叛」、「那是否定我的存在」等等。

②個性

「不體貼」

「以自我為中心」

「只考慮自己」

「個性冷淡」

「個性很糟」

「是個遜咖」

人們往往會認為自己因為某人的個性而感到憤怒或受傷，其實不然。**我們感到憤怒的必然不是對方的個性，而是對方特定的具體行為。**

如果你認為對象是個「不體貼」、「以自我為中心」的人時，那請你簡短描述那名對象具體做了何種行為（或是沒做何種行為），才會導致你那樣認定。

③你或某人的感覺

「好可怕」
「激怒我」
「傷害我」
「羞辱我」
「傷害我母親」
「讓我父親難過」

施行德馬蒂尼法則時必要的是：不是你或他人的感覺，而是你或他人所感受到對象特定而具體的行為。右邊的例子是闡述你（或是你母親、父親）對對象的某種行為感到恐懼、憤怒、受傷、悲傷等的情緒而已。

請你簡短而明確地描述在此種情況下，對象在具體行動時，你（或母親、父親等）是否感到害怕？是否感到憤怒？是否感到受傷？是否感到悲傷？

④從別人那裡聽到的事

如「聽家母說，家父以往經常對家母拳打腳踢，所以我討厭家父」這種情況。

不過這項演練是要請你舉出你自己本身的直接體驗，並非是從別人那裡聽說而你自己不曾直接見到的行為。

假如在你懂事以前你父親就已離婚離家而去，你對自己的父親沒什麼記憶，只從你母親那裡聽說父親的壞話時，就不適宜拿你父親當作演練的對象。一定要選擇你自己本身直接看到或經歷過之對象的行為。

例如，我們假設在你懂事以前父親就已離婚離家而去，而你對自己的父親沒什麼記憶。在那種情況下，如果你對「在我小學低年級時的那個冬夜，我媽傷心流淚的時候，我爸沒在我媽身邊安慰她」這件事感到負面情緒的話，那以你的認知就能夠加以解決。所以在那種情況下，要描述的對象之具體行為是「在我小學低年級的那個冬夜，我爸沒在我媽身邊安慰她」。

⑤須要聚焦於一項行動

當你選擇一個對對象感到負面情緒最強烈的行為時，有時會包含多個行為在內。

例如，**「我媽只會對我抱怨，都不聽我說」這種情形，要明確表達「我媽對我抱怨」與「都不聽我說」這兩件事中你比較厭惡哪一個。**

若是「大聲罵我，瞪著我看，打我耳光」這種情況下，要明確表達「大聲罵我」、「瞪著我看」、「打我耳光」中，你最厭惡哪一項行為。

【遭受強暴等性虐待的情況】

要特定你最厭惡那種行為中所含的哪個動作。

例如我們可以揣想如下。

「強行做了違反我意願的事」

「利用我來滿足自己的慾望」

「侵犯了我」

「造成我身體上的痛苦」

要明確表達對象的具體行動中你最厭惡的那一個。

【酗酒的情況】

如果你最厭惡對象酗酒或吸毒時，要明確表達你厭惡對象具體做了何事。以下是一些比較常見的例子。

「突然出乎意料地開始大吼大叫」
「因為一點小事就對我和我媽及我姐破口大罵」
「打了我」
「向我媽丟東西」
「對我說粗話」
「對我大吼大叫」
「用可怕的眼神瞪我」
「無法用理性控制慾望」

【外遇・劈腿的情況】

要特定外遇・劈腿所包含的行動中你最厭惡哪一個。若是你討厭他「和別人發生性行為」，就要明確表達最厭惡的那件事中之何種行為。如「喜歡（或關心）我以外的人」、「把時間花在我以外的人身上」、「把錢花在我以外的人身上」、「隱瞞了對我而言很重要的事」、「對我說謊」等等。

要像這樣簡短而明確地描述你視為「壞」人所做的「最」糟糕行徑。這種情況就舉前來找我諮詢的A先生為例來說明。

A先生：「我很生我媽的氣，我最討厭我媽所做的事是『在我五歲的時候，把我關到壁櫥裡』。」

我：「為什麼你會討厭你媽把你關在壁櫥裡？有些孩子會在壁櫥裡塗鴉玩得很開心喔。」

A先生：「那是因為就算我大喊『放我出去！』我媽也不讓我出去。」

我：「那麼如果你說『放我出去』時你媽就打開壁櫥放你出來的話，你還會討厭她嗎？」

A先生：「不會，如果她馬上放我出來就好了。」

我：「這麼說來你最討厭的事並非是被關進壁櫥裡，而是因為拜託你媽媽放你出來但她卻沒放你出來嗎？」

A先生：「啊，對，沒錯！」

這個例子闡明了一件事實，那就是他認為他母親「最」壞的行徑不是「將我關進壁櫥裡」，而是「沒有按照我的拜託那樣做」。像這樣，你要簡短而正確地闡明在對象所做的行為當中，你認為最「壞」的那一個。

明確描述負面情緒中你所「感到最強烈行為」之訣竅

你要明確地敘述在你所感到最強烈負面情緒之人所做（或沒做）的具體行為中，你對何種動作感到最強烈的負面情緒。

那時你的內心要進入讓你感到最強烈負面情緒之人所做的那個動作的現場，而且你在現場親眼看到或直接體驗的那一幕非常重要。

只是，當你的內心進入那個場景而感到痛苦難當時，就不能獨自進行這項演練，要藉助專業引導師的能力。

回到原來的話題。例如，在小學低年級時一個冬天的早晨，當時你母親在家裡的客廳怒罵你並打你耳光，假如你討厭這個情景，就請你讓你的內心進入你母親正在怒罵你並打你耳光的現場。

你的內心要回到小學低年級時的自己，回到當時父母家的客廳。不是在腦海浮現而已，而是要進入那個現場的場景。

你要用心眼去注視那怒罵你並打你耳光的母親、用你的心耳去傾聽你母親的怒罵聲、用你的身體去感受那時的空氣、現在去感受當時的情緒。

你要明確分辨在那種狀態下，你最討厭你母親的哪種行為？是怒罵你嗎？是打你耳光嗎？還是其他別的行為呢？

再舉別的例子來說，假如你最討厭配偶或以前的戀人有外遇的話，現在就讓你的內心進入當時你知道他有外遇時的那個場景。

不是你的配偶或戀人有外遇時的場景，而是你發現事實時的場景。現在就用你的心眼去注視你在那個情景裡所看到的東西、用心耳去傾聽那時你所聽到的聲音、用身體去感受那時的空氣、現在去感受當時的情緒。你要明確分辨在得知配偶或戀人的外遇那種狀態下，你最厭惡他其中的哪種行為？

例如，可以舉出：

「喜歡我以外的人」

「把時間花在我以外的人身上」

「把錢花在我以外的人身上」
「隱瞞了對我而言很重要的事」
「對我說謊」
等等吧。

如上，要簡明扼要地描述在對象所做（亦或沒做）的事情當中，具體「對誰、做了什麼」讓你感到最強烈的負面情緒。

對象是自己本身時

如果你想解除的痛苦情緒是罪惡感、自卑感、或自我否定時，那是因為你對自己感到負面情緒，所以演練的對象就是你自己本身。如同之前的說明，要簡明扼要地描述你自己本身對「具體做了什麼動作（或沒有做什麼動作・沒能做什麼動作）」感到最強烈的罪惡感、自卑感、或自我否定。

以下例子便是恰當的回答。

恰當的例子

「昨天早上七點半左右在門口打了我女兒」

「國三那年的二月的那天下午三點左右，我一直在房間裡看漫畫沒有讀書」

「小學六年級時，我在學校的那間廁所裡對○○同學說她長得很醜」

「十九歲時的二月，我沒考上第一志願的大學」

「高中二年級時的十二月的一個傍晚，我偷了我爸放在臥室錢包裡的錢」

「在我二十五歲時的某晚七點左右，我在家裡客廳對我爸說『你這種人不配當我父親』」

「昨天下午兩點左右，我與配偶以外的異性發生性關係，我對配偶感到有罪惡感」

不恰當的例子

如下的回答是你的解讀，不是明確的具體行動，因此無法解決根本問題。

「我從小學四年級左右開始到十八歲左右為止，都對我媽很冷淡」

「我沒有好好重視○○同學」

「我沒有好好照顧我先生（我太太）」
「我傷害了我兒子」
「我背叛了最好的朋友」

你要如同【恰當的例子】一樣，簡明扼要地說明關於你在「何時」、「何地」、「對誰」、「做了什麼事（或是沒做什麼事）」，你為何會解讀為「冷淡」、「沒有好好照顧」、「傷害」、「背叛」等自己的具體行動。

還有，如下的回答也非具體的行動。

「我很自私」
「我沒任何可取之處」
「我是個沒有價值的人」
「我是個軟弱的人」
「我腦筋很差」

此種情況也要如同【恰當的例子】一樣，明確地說明關於你在「何時」、「何地」、「對誰」、「做了什麼事（或是沒做什麼事、亦或沒辦法做什麼事）」，才會讓你解讀成「我很自私」、「我沒可取之處」、「我很軟弱」、「我沒有價值」、「我腦筋很差」等自己的具體行動。

簡短而具體明確地描述你對對象在「何時」、「何地」、「對誰」、「做了什麼事（或是沒做什麼事、亦或沒辦法做什麼事）」感到最強的負面情緒，是施行德馬蒂尼法則的第一步。

如果到此你都明瞭的話，就完成演練的準備了。從下一章開始，我們向著解除作為人際關係痛苦根源的內心傷痛的工作推進。

實踐篇

共鳴療法 ❼

建立自我的人際關係

「德馬蒂尼法則」的做法②

人際關係會變得更輕鬆

在上一章中我們已經做好準備要開始演練德馬蒂尼法則，在本章我會傳授你如何消除人際關係中的痛苦與傷害的原因。

那麼，讓我舉出以下三個例子來說明。

（例1）在廣幸先生小學低年級時的一個春天的夜晚，他母親動手打了他。那件事至今仍是他內心的傷痛。對象是他母親，而他最厭惡的具體行為是動手打他。

（例2）明美在國中時遭親戚叔叔猥褻。即使現在想起還是覺得異常難受，呼吸變得困難，她也曾恐慌症發作。對象是那個親戚叔叔，而她最厭惡的具體行為是「為了滿足他自己的慾望，對我做了我不願意的事」。

（例3）伸子小姐的前夫與他在網上認識的女人有了婚外情，兩人因此離了婚。對象是她

前夫，而她最厭惡的行為是「與我以外的人有了親密關係」。

【問題1】你在何時對誰做了與對象相同的行為？

從這裡開始我會傳授你幾乎所有人都不曉得的「智慧」。

我們之所以會對別人感到諸如憤怒、受傷、蔑視、悲傷、恐懼等負面情緒，其實乃是因為我們自己本身也如同別人一樣，等量做了自己厭惡的行為，而對那個行為感到有種隱藏的罪惡感，所以才會否定「自己不會做那種壞事」。

聽我這麼說，也許有人會覺得困惑，但請容我繼續。

例如，當你認為某人的行為傷害了你時，你的心中就有「我才不像他那麼壞，我的為人在他之上，他在我之下」這種隱藏的傲慢與輕蔑。

像這樣當我們對別人感到負面情緒時，在區別「自己與他不同」的同時，其實是對做過相同行徑的自己本身感到罪惡感，因而對那樣的自己缺少了愛。因為存有那種傲慢與輕蔑，所以在你缺乏愛時，內心傷痛就無法從根本消除。

第一個問題在此。

「你在何地、何時、對誰做過與對象相同的行為呢？（與對象相同形式、亦或不同形式）以及有誰看到或聽到而得知此事呢？」

回答時請用條列方式，儘量多寫。

當你要找出這個問題的答案時，首先，要找出你與對象在何地、何時、對誰做過相同的行為，以及有誰看到或聽到而得知此事。

接下來，你在何地、何時、對誰做過與對象以不同形式但本質相同的事，以及有誰看到或聽到而得知此事。

再者，要逐條書寫答案時，無須寫成正式文章，只要在紙上寫下首字即可。例如，「上週二晚上八點左右，在客廳對我先生發飆。知道的人是我兒子太郎和我自己及我先生」的情況時，只要在紙上寫下星期二的「二」、八點的「八」、先生的「先」、太郎的「太」、我自己的「我」、先生的「先」。亦即紙上只要書寫「二八先太我先」即可。因為之後無須再回頭看這紀錄，並且即使看了也不會因此提高效果，所以這樣寫就足夠了。像這樣「二八先太我先」，在紙上書寫的行動本身即有其意義在，每次書寫你的認知都會有所變化。之後在書寫問題1～4的所有答案時都適用。

那麼讓我們來看看三個人如何找到問題1答案的例子。

如果是小學時被母親動手打他的廣幸先生的例子，那廣幸先生就要寫出自己本身在從出生到現在期間，在何地、何時、對誰暴力相向、對誰施加身體的痛苦，以及有誰看到或聽到而得知此事。全部都要書寫下來。

接著，廣幸先生自己就要寫出在何地、何時、對誰施加不同形式的痛苦，以及有誰看到或聽到而得知此事。這裡所說不同形式的痛苦乃指諸如內心的傷痛、惡意批評失業者與遭降職之人的社會關係之痛苦、與某人交惡、疏遠後之人際關係的痛苦、經濟上的痛苦、否定宗教信仰的精神痛苦等等，所有形式上的痛苦與傷害。廣幸先生要寫出在何地、何時、對誰施加了上述的痛苦，以及有誰看到或聽到而得知此事。

遭親戚叔叔猥褻的明美小姐，首先要全部寫出她自己本身在何地、何時、對誰施加了猥褻行為，以及有誰看到或聽到而得知此事。

接著，明美小姐要寫出從自己出生到現在期間，為了滿足自己的慾望在何地、何時、對誰做了那人厭惡的行為。如下例就有可能發生。例如因為對某人火大而破口大罵、視而不見、眼光兇狠地瞪視、說人壞話；想吃弟弟的糖果就搶來吃；在國中的社團活動上想踹下競爭對手；儘管母親很傷心，還是找了工作離開家等等。

而前夫有婚外情的伸子小姐，要全部寫出她自己本身在何地、何時、對其他異性做了別人眼裡看來符合「外遇」的舉動，以及有誰看到或聽到而得知此事。

接著，伸子小姐要寫出在何地、何時、和誰「關係變得親密」，以及有誰看到或聽到而得知此事。

例如，對前夫不夠親近關心而把注意力全都集中在孩子、工作、興趣上，或大學時與感情良好的母親疏遠而與男朋友或朋友關係變得密切。

要像這樣**寫出形式上雖有不同，但自己做了與對象的討厭行為本質上一樣的情景。**

隨著寫下問題的答案時，你會發現自己也做了與對象一樣令人討厭的行為。不過之後隨著演練的進行，會逐漸減少你對對象鄙視的想法。稍後我會再談，你會發現儘管你自己本身也和對象一樣做了你一直認為的「壞」事，但是卻有人善待於你。

◆確認完成關於問題1的問題

「你確信你以相同或不同的形式，對別人等量做了與對象對你所做的相同行為嗎？」

如果你能寫出很多答案，直到你能沒有猶豫地回答「是」的話，問題1就已完成。那時你對對象所做過讓你感到最厭惡行為的憤怒應該已經消失。接下來進行下一步的演練。

【問題2】討厭的際遇成了何種正面的助益？

如前章所述，許多靈性導師都在傳達「一切都是完美的」、「保有原來的你即可」此種樂觀的教義。

例如《與神對話》（sunmark出版）這本書在宣揚「生命中發生的一切美好都是為了你的成長所需、按照你想成長的願望，為成長的目的而完美發生」、「我只會派遣天使到你們身邊」、「在最大的悲劇高峰時見證生命的榮耀」等等。

同樣在靈性啟示錄《白樺靈訓》（潮文社）書中寫道：宇宙是「由無懈可擊的睿智所創造」、「不論我們身在何處都會被上帝無限的愛所包圍、被上帝的雙手所擁抱、隨時置身於上帝的影響力之中」。

但大多數人都相信這世上有加害者與受害者存在，因此會責備加害者及「不良行徑」，且同情受害者。進一步會將自己視為某人不良行徑的受害者而懷有犧牲者的意識。我們每個人心中都有「我爸媽對我那麼壞」、「那時候那個人對我那麼壞」的念頭，但我們同時也明白自己並非總是一切都「正確」，所以對那件事就會具有隱藏的罪惡感。

那樣的人在拿自己「正確」的尺度指責別人的同時，也在暗自指責自己。因為他這輩子都如此生活過來，就沒發現那件事讓他內心的愛停止了腳步、剝奪了他的自由，成了他

沉重的包袱。

要等他隱藏性的攻擊別人與自我攻擊解除，變得輕鬆自在時，才會發現以前的自己好沉重、好不自由。

當你發現靈性導師所傳達的教義不單只是知識，而是在你生活中發揮作用的事實時，那些教義才會變成有效的智慧，你的人生才會有所改變。

你那受害者意識與加害者意識都會消失，對自己的愛與對他人的愛也會加深加大，重新恢復對這世界的信任，生活變得更為充實。

能幫助你那樣改變的即是問題2。

對於我們認為「好」的事物裡，都具有等量的相反特性存在；同樣在我們認為負面的事物裡，也具有等量的相反特性在。但是因為我們的認知有偏頗，一旦在某種東西上貼上「好」的標籤，就只看到它那「好」的一面，對它的反面就視而不見；同樣道理，當我們在某種東西上貼上「壞」的標籤，也會對它的反面視而不見。

問題2會讓你從偏頗的狀態轉向整體的觀點，進而找出真相。

「透過那名對象對你所做讓你厭惡的那個行為，於你而言具體得到了什麼樣的正面助益？」

要回答這個問題，你的內心要進入對象在做你那厭惡行為的場景，這點至關重要。並非只是想起那個場景、或以心眼從外面看那場景，而是要你的內心進入那個「就是現在・就在這裡」的場景。要看著你當時可以看得見的東西、用耳朵聽著你當時可以聽得見的聲音、用身體感受當時的氣味、感受當時的空氣。

之後以那種狀態找出「那個時候、那個地方、那個人、做了那件事，對你而言具體得到了什麼樣的正面意義」，然後條列寫出你的答案。只是，不要寫成帶有「反面教材」意思的答案，而是要舉出對象在那時、那裡、做了那個行為的直接正面助益。

對象的行為對我們而言，痛苦、傷害、震驚愈是巨大，那種行為也愈會為我們的人生帶來更大的正面意義。

我來舉些較常見有正面影響的例子。你可以想想那些例子是否符合你的情況，作為你尋找答案的參考。

(1)變獨立、變堅強、增長能力

・變得獨立，不再依賴別人

・變得能夠自己思考與決定
・學到忍耐痛苦、難過的堅強
・從畏畏縮縮的狀態一變，投入進新工作、學校、人際關係等
・發現自己的新能力與興趣

(2)產生了重要的人際關係、與他人的連繫變得更加強固

・能理解別人的痛苦、與別人產生共鳴
・能提高想為人貢獻的心情
・能得到別人的善待與幫助
・能與別人更加親密
・能與別人建立新的人際關係
・能了解對自己而言，重要與非重要之人
・能了解真正的友情與愛情
・學到對建立良好的人際關係至關重要的事情
・學到有效的溝通能力

- 得以專注家庭以外的關係，在外建立新的人際關係
- 擺脫停滯的人際關係，成為建立新人際關係的契機
- 養成慎重分辨別人的能力
- 了解別人與自己的不同
- 得以更清楚劃出與人之間那條必要的內心界限
- 得以保護重要之人免受傷害
- 與寵物的情感變得親密，成為動物愛好者，動物成了你的支柱

(3) 找到並珍惜對你而言真正重要的東西

- 認真面對自己的人生與生活方式
- 開始尋找生存的價值與生命的意義
- 了解對自己而言真正重要的東西
- 找到生存的價值與生命的意義
- 更加專注於對自己而言真正重要的事物
- 更加重視自己的感受與需求

・會慰勞自己
・學會對人說不、能夠反駁別人
・重視自己的心情甚於回應別人的期待

(4)成長、成熟

・不再維持現狀，更想努力成為你希望成為的自己、過著自己更想過的人生
・變得謙虛
・能坦率聽人所言
・變得能夠挑戰困難
・因為受人批評，變得想更提昇自己
・變得能夠自己保護自己
・透過反駁否定自己的人，來認同自己的價值與優點
・能夠保持距離來看待人與事

(5)改變自己的狀態與行為，更加接近你想成為的自己

- 比以前更能對別人示弱而依賴別人
- 變得能夠表明自我主張
- 變得能夠自我表達
- 想像力與內心世界變得豐富
- 興趣變得廣泛
- 開始學習一些東西，獲得有價值的知識與資訊
- 培養實現夢想所需的素質

以上所舉是能從你厭惡的對象行為中，獲得正面意義的例子。

要尋找有益事項時，首先你要找出你真心認為是重要的事情，在具體上有什麼樣的助益。對你而言真心認為是重要的事情，也許是育兒、心靈的學習與心智的成長，也或許是與朋友的來往、時尚、高爾夫、美食、累積資產、工作方面的專業知識與專業能力等等。首先要從對你而言真心認為特別重要的事情，有何種助益開始找起，之後再來找尋其他有助益的事項。

尋找有益事項時，可以進一步利用「分支法」。所謂的「分支法」是指寫出你從一項助益中，更進一步得到了何種助益，再從那種助益中，又得到了何種助益的方法。

例如，假設你國中一年級時，在朋友圈內的社群網站上被同班A子同學寫了「去死」的訊息。從那件事所獲得的助益是，我發現自己以往都勉強自己要表現得開朗無憂，「得跟很多同學保持良好關係才行」，但因為那件事所受到的震驚，讓我不再勉強自己戴上開朗的假面具，以後只跟不會傷害自己且契合的人當朋友。

她其實在內心深處希望自己不再勉強偽裝自己，但以往因為害怕被別人認為是「憂鬱的人」而一直勉強自己。接下來我們就用「分支法」來找出其中的助益，再找出更進一步帶來何種具體助益。更進一步的助益是「因為勉強自己表現得開朗的情事減少，我也得以了解別人的痛苦，因此在隔年的新班級裡，和以前被霸凌過的X同學變成了朋友」。

接下來更進一步找出那件事帶來了何種助益。「因為我不擅長向別人示弱，所以雖然假裝我很開朗但其實我感到很孤獨，不過X同學成了我第一個可以訴說煩惱的朋友」。而那件事帶來更進一步的助益是我發現「我學到了可以向別人示弱，也可以依賴別人。那種學習是可以持續一生的珍貴禮物」。又從那件事所得之更進一步的助益是「之後，因升學與就業煩惱時，我能夠找朋友與信任的老師吐露自己的煩惱，因此得以克服那些煩惱」。

就像這樣，從一項助益中找出又得到何種助益，把它們全都寫下來。

那麼讓我們來想想先前我所提及的那三名範例，各從他們厭惡的行為中獲得哪些具體助益。

(1) 小學時被母親動手毆打的廣幸先生，也許因為從被母親動手毆打的行為中得到如下的助益

- 因為父親保護了我，讓我感到了父親的愛
- 因為與父親變得親近，讓我對父親製作東西的嗜好產生了興趣
- 我對有效的話語所具有的溝通效果感到興趣，進而提升了溝通的能力
- 因為遭受攻擊的忍耐力增強，所以即使感到沮喪也得以恢復
- 因為遭受攻擊的忍耐力增強，因此即使在工作上被抱怨，也變得比以往較能充耳不聞
- 因為耐力增強，所以之後遭受霸凌、婚姻受苦、工作遇到困難等情況時，我都能堅強忍受那些困難
- 對內心世界感到興趣
- 增強了對別人內心傷痛共鳴的能力

・因為共鳴能力增強，讓自己得以結交〇〇密友
・開始想幫助那些內心受傷的人
・因為害怕媽媽而躲起來時，沉浸在只有自己的想像世界裡玩耍，因而成了我寫小說的契機
・因為討厭媽媽而開始尋求祖父母的關心，所以祖父母變得更加疼愛我了
・因為討厭自己的家人，所以開始尋求學校老師與朋友的關心，因而交到了知心的老師與朋友
・因為跟老師變成好朋友，所以我的成績進步了
・因為想報復媽媽，所以我埋頭讀書，因此得以考上那間學校

(2) 被親戚叔叔猥褻的明美小姐可能得到如下的助益

・養成了慎重辨別男性的眼光
・所以身邊有許多待人和善的男性
・開始深思性的意義與其所具的力量
・對人的內心世界與心理學產生了興趣

- 意識到幫助受傷的人是件有價值的事
- 藉由扶持與幫助別人而產生了自己的價值
- 養成了理解那些被稱為「犯罪者」與「加害人」心情的能力
- 了解身體與心靈之間的連繫有多緊密
- 能跟〇〇同學說出自己痛苦的經歷而與她成為了好朋友

(3)前夫有婚外情的伸子小姐，可能得到如下的助益

- 更加認真思考自己的人生
- 更加珍惜自己的孩子
- 因為父母兄弟姐妹的幫助，感情變得親近
- 與〇〇小姐及□□小姐成為密友
- 以往一直依賴前夫，但現在變得獨立自主並全心投入工作
- 因此受到職場上的△△人與〇〇人好評
- 在職場擴展了新的人際關係
- 變得更加考慮別人的心情與需求

・因而提高了培養人際關係的能力
・更加關心別人的內心世界了

要像這三個例子般，寫出許多對你而言具體的助益。

並且，假若對象的討厭行為不是對你，而是對其他人造成負面影響時，也請你寫出對象所做的行為，對那特定的人而言有哪些具體的助益。

例如，你兒時因父親對母親暴力相向這令你厭惡的行為，致使你認為對自己與母親都造成了負面影響。在那種情況下，要儘量寫出你父親對你母親施暴這行為對你而言有過何種具體的助益（過去），以及現在產生何種助益（現在）。同時也要寫出你父親對你母親施暴的這件事對你母親具體帶來何種助益（過去），以及現在產生何種助益（現在）。

◆確認完成關於問題2的問題

「你能確信對象所做的行為，對你而言（以及對相關的人而言）帶來了與負面影響同等量有價值的助益嗎？」

如果你能寫出很多助益，直到沒有猶豫地回答「是」的話，那問題2就已完成。

若你完成了問題1與問題2兩項問題，應該會對對象流下愛與感謝的眼淚吧。那時你就會了解自己並非犧牲者，並且已從對象的支配中獲得自由，恢復你原有的力量。

【問題3】你與對象所做的相同行為給對方帶來何種助益？

幾乎所有人都相信世上有加害者與受害者，在暗地裡相信自己是受害者的同時，也會暗中相信自己是加害者。那種隱藏的罪惡感（自我攻擊）即是攻擊別人的元兇。亦即，當你看到別人也做了你做過的「壞事」時，就會責備那個人（攻擊他人）。

也就是說，**自我攻擊與攻擊他人是一體兩面。**愈是具有強烈自我攻擊與自我否定的人，愈會攻擊他人與否定他人；而攻擊他人與否定他人意識愈強的人，愈會受隱藏的自我攻擊與自我否定所苦。

在問題1中，我們發現你也對別人做了與對象本質一樣令人討厭的等量行為。那時，你把自己視為加害者，隱藏的罪惡感應該已經表面化。而能解除那種罪惡感的即是問題3。

「你對其他人做了與對象本質上相同的行為，那件事具體帶給對方何種助益？」

請以條列方式，儘量寫出你的答案。

回答這個問題，要像在問題2時一樣，讓你的內心進入你自己在做那件事的場景。不是在腦海浮現而已，也不是用你的心眼從外觀看，而是**要讓你的內心進入那個「就是現在．就在這裡」的場景。看著你當時可以看到的東西、用耳朵聽著你當時可以聽到的聲音、用身體去感受當時的氣味、感受當時的空氣。**

然後以那種狀態，找出「那個時候、那個地方、自己、向著那個人、做了那件事，對那個人而言具體得到了什麼樣的助益」，而後條列寫出你的答案。只是，與問題2相同，有「反面教材」意思的答案就不好，你要舉出你在那時、那裡、對那人所做的行為，對那人而言產生的直接助益。

本書問題2的答案（P.169～178）我舉了較多對你有助益的例子，你可以參考那些例子，會有助於你找出對他人而言有助益的答案。之後儘量寫出你對對方所做的行為，對對方而言有何種助益。

在多數情況下，你與對象做了本質相同行為的場景會不止一個。所以在你可以想起的所有場景，都要逐一找出問題3的答案。

◆確認完成有關問題3的問題

「你能確信你所做的行為，對你的行為對象而言，帶來了與負面影響有等量價值的助益嗎？」

如果你能寫出很多助益，直到沒有猶豫地回答「是」的話，那問題3就已完成。因為你了解自己一直認為的「壞」行為給對方帶來了莫大的助益，幫助了對方成長，那時你應該就會對自己充滿感謝。那時就解決了一個隱藏的罪惡感與自我否定，進一步從被善惡判斷與罪惡感支配的狀態中獲得自由，更加深愛自己，並恢復你原有的力量。

把你能想起的所有場景，逐一按照問題3的演練方式，一項項演練完成。

【問題4】在你遇到不幸經歷時，誰做了相反的舉動？

我們在問題1～3中發現「世界乃由平衡架構而成」的真相，以及「宇宙充滿了愛的偉大智慧，為我們至高的成長，持續都會發生最佳之事」的真相。在問題4中，我們會深刻理解「世界乃由平衡架構而成」、「能量不會有所增減，只是改變形態存在」。

當有人攻擊我們、放棄我們、惡意批評我們時，必定會有人為我們做相反的事。亦即，保護我們、安慰我們、照顧我們、給我們好評。

不過我們往往只看到攻擊、放棄、惡評，而無視在那同時也會有其正相反的事實存在。

而當那偏見極端時，我們就會相信「沒有人了解我」、「沒有人對我好」、「每個人都在指責我」。我相信大多數人都有過此種痛苦的經驗吧。

而能去除那種偏見，幫助我們得以看見整體事實的便是問題4。

「當對象正在對你做厭惡的行為那一瞬間，誰對你做了與對象相反的事呢？」

「誰對你做了與對象相反的事」意思如下：例如有人在責備你的那一瞬間，就會有人在保護你、安慰你；如果有人不理你，就會有人好意關心你；有人給你很差的評價，就會有人給你很好的評價。

右邊所舉那些會保護你、安慰你、好意關心你、給你好評的人，或許就在當場，也或許不在當場；或許是一個人，也或許是幾個人；可能是男性、女性、年輕人、老人、個人、團體、集團等各式各樣之人；也有可能不是人而是寵物等動物、植物、或是棉被、墊子、靠墊、家、地板、汽車、太陽、月亮等無生命的物體。

回答這個問題與問題2、3一樣，重要的是你的內心要進入對象正在對你做那個行為的場景。若辦不到這一點，就找不到這個問題的答案；但如果辦得到的話，答案就會在三秒內閃現。不是要你在腦海中思考，而是要你的內心進入那個場景，憑直覺找出答案。

我以前面那三人的例子來做說明。

假設是在小學時被母親施暴的廣幸先生在做這項演練，廣幸先生的內心就要進入被他母親毆打時的場景。要用心眼看他母親的樣子、用心耳傾聽他母親的聲音、用身體去感受被他母親毆打的感覺。更進一步要弄清他母親為何、因為何事對廣幸先生生氣而動手打他。然後廣幸先生要這樣**自己問自己「就在這一瞬間，是誰保護我與安慰了我呢？」**。

可能的答案如下例。在現場看到廣幸先生被毆打的弟弟或妹妹，也許內心裡是站在廣幸先生這一方；他養的愛犬可樂也許也想保護廣幸先生；不在現場的爺爺奶奶也許很心疼廣幸先生，因而心生憐憫；或是也許廣幸先生在棉被裡被母親毆打，棉被溫柔地保護了他。

那些在保護、安慰廣幸先生的所有人與物，都添加了「保護與安慰的量」。而當那力量等同他媽媽的攻擊量時，問題4就已完成。

例如，假設母親的攻擊能量是10，而廣幸先生內心進入母親正在動手打他的那一瞬間場景時，他感到在那屋子裡的弟弟妹妹袒護他的能量是5。再者，廣幸先生感到爺爺憐憫的能量是1、奶奶是3、棉被溫柔保護他的能量是1，於是那些人與棉被合起來就有10的能量在保護、安慰廣幸先生。廣幸先生在那一瞬間，應該可以確信自己感到「嚴厲、冷淡、挑戰」與「和善、溫暖、保護」兩方帶來的相同量能。那時問題4即告完成。

接著我們再來看看遭到親戚叔叔猥褻的明美小姐的情況。明美小姐的內心要進入叔叔猥褻她時的場景，然後找出在那一瞬間誰對明美小姐「為了滿足自己的慾望，對我正在做一件我不願意做的事」正相反，「忍住自己的慾望，不對明美小姐做她不願意做的事」。

例如可能的答案如下。

明美小姐的雙親其實原本希望明美小姐待在自己家裡，但因為尊重明美小姐的意思於是讓她去親戚叔叔家過夜，而明美小姐就在那時遭到了叔叔的猥褻。

並且，住在附近的明美小姐外婆家在做生意，希望明美下課後去店裡幫忙，但因為明美喜歡跟同學出去玩和學才藝，因此外婆忍住自己的希求，沒有硬是強迫明美小姐去店裡幫忙。

明美小姐的爺爺非常疼愛明美小姐，希望她永遠當個「可愛的小女孩」，所以即便希望明美小姐幫他捶捶肩膀、陪他去超市買東西，回來時幫他拿重的物品，但都忍住不叫明美小姐做她不願意做的事而極為寵她。

像這樣，就在叔叔猥褻明美小姐身體的那一瞬間，把明美小姐父親、母親、外婆、爺爺「忍住自己的慾望，不對明美小姐做她不願意做的事」的能量相加。假設叔叔「為了滿足慾望，對明美做一件她不願意做的事」能量為10，在那一瞬間，把所有人對明美小姐所做的相反事情的能量相加。例如，進入明美小姐叔叔正在猥褻她的場景，在那一瞬間假設明美小姐直覺感到她父親對她所做相反事情的能量為3，同樣的，她母親也在那一瞬間對明美小姐所做相反事情的能量為3、爺爺對她所做相反事情的能量為2、奶奶對她所做相反事情的能量為2，把這些能量相加即為10。亦即可知，當明美小姐的叔叔在觸碰明美小姐身體的那一瞬間，其他人對明美小姐所做正好相反的行為等同10的量能。明美小姐在那一瞬間，可以確信自己感到「嚴厲、冷淡、挑戰」與「和善、溫暖、保護」兩方帶來的相同量能。

而前夫有外遇的伸子小姐的情況又如何呢？對伸子小姐而言，關於前夫有外遇這件事中她最厭惡「和我以外的人變得親密」。因此我們假設她前夫與其他女性親密的能量為10，而伸子小姐在這項演練中要做的是內心要進入得知前夫有外遇時的場景，接著找出就在那一瞬間誰與伸子小姐關係親密。

於是她直覺知道結果如下：那時伸子小姐與她的兒子很親密，她直覺感到與兒子的親密量為3；還有那時她與媽媽之友會的〇〇太太關係親密，其量為2；那時她也與寵物貓關係親密，其量為1；還有雖然她前夫之前與其他女性發生親密的性關係，但平日也會親暱地把發生的事情告訴伸子小姐、親暱地傾聽伸子小姐的抱怨，其親密度為4。把這些親密度量能相加即為10，等同她前夫給予其他女性親密度的能量，因此伸子小姐生活中的親密能量並沒有減少。當你了解這點時問題4就完成了。

再者，**有時你也可能意識到對象那令人厭惡的行為也對你以外的人帶來了負面影響。那時你就要找出當對象正在對你以外的人做出令人厭惡的行為的那一瞬間，有誰正在對那人做出與對象正好相反的行為。然後找出並寫下直到你了解那正好相反的行為等同令人討厭的行為能量。**

例如，假設你認為你父親對母親施暴傷害你母親時，那時你的內心就要進入你看到你父親正在對你母親施暴的場景，並找出、寫下當時有誰在保護你母親、有誰在疼惜你母親。例如也許你自己本身就在保護你母親、疼惜你母親，也或許是你外公外婆與你弟弟很在乎你母親。你要找出對你母親保護與善意的力量，直到你能確信把那些對你母親保護與善意的能量相加，等量於你父親的暴力。

◆關於完成問題4的問題

「假設對象對你所做的厭惡行為能量為10，你能確信就在那一瞬間，其他人對你所做正好相反的行為同樣等量為10嗎？」

如果你能確信自己毫無猶豫就回答「是」的話，問題4就已完成。

再者，如果你意識到對象的討厭行為不是對你，而是對A產生負面影響時，若你能確信對象和他人對A所做的行為正反量能相等，那問題4便已完成。

◎問題4中隱含的睿智

當你完成問題4時，包括你在內的所有人都已了解「嚴厲、冷淡、挑戰」與「和善、溫暖、保護」會帶來同等的能量。你愈了解此點，生活的安全感就愈會增加，不安全感就愈會減少。

關於問題4的基本原則，還有更重要的智慧。對我們而言，「嚴厲、冷淡、挑戰」與「和善、溫暖、保護」之所以會帶來同等的能量，其理由在於我們得以在「嚴厲、冷淡、挑戰」與「和善、溫暖、保護」之間獲得最大的成長，並得以展現自我、活出自己。

假如我們的際遇中只有「嚴厲、冷淡、挑戰」，那我們很快就會向逆境屈服。

我們會討厭「嚴厲、冷淡、挑戰」而尋求「和善、溫暖、保護」，但是如果我們的際遇也都只有「和善、溫暖、保護」的話，情況會是如何呢？所有人都一直善待我們、對我們所做的任何事都讚譽有加，都對我們高度評價。

我們在那種環境下，會變得不成熟而軟弱。無法培養克服困難的強韌，也不會深入思考事物，知識與能力不會有所增長。只尋求別人的認同與評價，無法獨立自主去做對自己而言重要的事。

我們在問題4發現的真相是當對象在對你做出你厭惡的行為時，會有人對你做出與對象完全相反的行為。那就是和善、溫暖、好意的關心、高度的評價。但是如果那個人（那些人）只給予我們「和善、溫暖、保護」的話，你就無法獨立、無法變得強韌、也無法拓展與別人的人際關係、不會正視什麼東西對自己而言真正重要、也無法增長知識與能力。正因為如此，在對象自己也未發覺之時，才會擔任給你帶來「嚴厲、冷淡、挑戰」的角色。

為了你的成長與你的人生。

那就是多數靈性導師在宣導的「宇宙充滿了愛」之教義的意義。不過我們多數人都認為和善就是愛，但假如只有和善存在，我們就無法成長。和善與嚴厲結合的東西才是愛，給我們一直帶來的就是那樣的愛。

如果我們偏向於只尋求「和善、溫暖、保護」的話，「嚴厲、冷淡、挑戰」的目的就是來顛覆這種依賴。當我們理解「嚴厲、冷淡、挑戰」的目的，進而懷著感恩的心生活時，我們才得以在這世上發揮自己的長處而活出自我。

藉由多次演練可以讓我們獲得的東西

我已傳授各位如何進行演練對象對你所做的行為中你最厭惡的行為之一。只是多數情況下，對象會做數種令你厭惡的行為。那種情況下你就要一個個演練，直到做完所有你厭惡的行為為止。

並且，當你完成德馬蒂尼法則時，會對對象充滿愛與感謝而熱淚盈眶。**那時，我們已不再受那人支配與左右，並重拾自由與輕鬆、以及展露笑顏的自己。**

只是，即使你在演練完成後處於上述狀態，但若對那對象仍存有未察覺未解決的芥蒂，日後仍有可能再發生。

還有，演練完成時芥蒂雖然已經消失，但之後與那人來往時也許仍會產生新的芥蒂與你難以容忍之事，亦或雖然透過演練心情寬鬆了不少，但並未完全得到寬慰，心中仍留有芥蒂存在。

有發生那種情況時，就請再追加演練的工作。這項演練在你的通勤時間及睡前時間都

可以進行。愈是進行這項演練，你愈會明白這世界充滿著睿智，你愈能得到療癒，重拾人際關係的自由、輕鬆、與喜悅。

實踐篇

共鳴療法 ❽

將「德馬蒂尼法則」的睿智
應用於日常生活中

核心生活的啓示

讓你的人生變得愈發豐富的睿智

我要傳授你，將德馬蒂尼法則的睿智應用於日常生活中所特別須要留心實踐的事項。這種睿智不單只是當作知識用來閱讀而已，愈是透過演練學習在身，就愈能成為你寶貴的才智，一生受用無窮。這是世上幾乎所有人都不曉得的睿智。

正如我之前所言，這種睿智最基本且最重要的一點是「一切事物都有等量的正面能量與負面能量」。

每當有事情發生時，我們就會替它們貼上「這是壞事」、「這是好事」的標籤，而隨之沮喪或欣喜。那是因為我們的認知有所偏頗，理所當然就會如此。正因為如此，我們活在這世上才有意義。

假設我們總能立即完全明白一切事物中都含有等量的正面能量與負面能量存在，那就是完美的領悟。但若是那樣，我們就不會感到這世上有問題須要解決，也就無法貢獻世界，無法再往上進化。那我們來到這世上就沒有意義，我也不會寫下這本書。

有時有人會說得頗具禪意「人就是因為不完美才完美」，其教義如下：我們正因為對置身於黑暗才能感受到光明、因為不睦才能感受和睦的喜悅、因為匱乏才能體驗到滿足、因為戰爭才能體驗到和平這種有對比．比較的世界的認知有所偏頗，我們才能實際感受與經歷美好的事物並成長，而這就是靈魂誕生到這世上的目的。

亦即，靈魂依附肉體來到這世上的目的乃在於體驗各種經歷，而在那些經歷中，去實際感受與體驗自己與他人的美好。

我們會透過那種經驗成長。假使我們在現今的層次擴展認知、經歷愛與感謝，就能進入下一個層次，在更高的層次體驗認知的偏差，就這樣重複那種循環而持續無止盡的成長。

那就如同運動選手在小學時想成為隊中的佼佼者而努力成長，接著在國中隊、高中隊、職業隊這樣持續挑戰「希望自己實力變得更堅強」。其中不乏不滿足於日本，而朝向更嚴苛的歐洲、美國等世界舞台挑戰的一流選手們。

靈魂會尋求成長。唯有當我們在成長時，才會感到活著的意義與充實感。

當你認為「現在這樣就好」、「我才不需要什麼成長與變化」尋求維持現狀時，就無法發揮自己的長處，生活也會感到無趣。

成長需要「嚴厲、冷淡、挑戰」與「和善、溫暖、保護」兩者並存，而透過各式各樣的人與物會將這兩者帶來給我們。

我們自己本身有時既會擔任給別人帶來「嚴厲、冷淡、挑戰」的角色，有時也會擔任給別人帶來「和善、溫暖、保護」的角色，進而幫助與我們相關的人獲得成長。

為了察覺此點並得到進化，我們須要反覆演練德馬蒂尼法則。

在看似負面的事物中發現隱藏的正面能量是一種重要的能力，此種能力愈經演練就愈會精進。

我們愈能儘早發現事物相反的一面，就愈能減少被感情的起伏所玩弄，不致被事物所動搖，而能保持穩定的自我軸心，依據事實來進行判斷與行動。

當我們認為發生負面情事時，就要儘量多多找出那件負面情事對自己而言有何具體助益。不單只是在腦海中思考，而是要將它們寫在紙上。

再者，當你只寫下馬上輕鬆就能想到的正面助益時，那時效果還不太會顯現。

當你停筆想說「再也想不出其他正面助益」時才是關鍵時刻的開始，你還要繼續尋找，具體寫出更多正面助益才行。愈能找出更多正面助益，你的愛與感謝就愈會增加，內心也會愈加穩定。

對我們的成長而言，尤其具有重要貢獻的即是家人。因此接著我會傳授你，我身為專業諮詢師所獲得之經驗與一路以來反覆看到有關家人關係的重要智慧。

希望有助於幫你找出在家人關係中，看到的負面情事所隱藏的相反一面，獲得進一步的成長。

正因為受過創傷才能培養同理心與善心

有句話說「父親之恩比山高，母親之恩比海深」，雖然表達得極為高超，但是太過美化父母之情。

父母對孩子的愛絕非沒有條件，是附有各種條件與要求、並具有期待與執著，此乃理所當然之事。

因此我們任何人都無能感受父母無條件的愛，而是在「因為我不乖被媽媽罵了」、「因為沒能符合爸爸的期待讓爸爸失望了」等經驗中長大，那對兒時的我們而言就是種痛苦的經驗。

就像這樣，正因為既沒有完美的父母，也沒有完美的育兒方式，我們才得以獲得寶貴的正面助益。

我們透過認知自己並非無條件被愛的經驗，理解何謂悲傷與寂寞，培養對別人的同理心與善心。

因為我們會向父母以外的人尋求關愛，所以才會擴展與祖父母、兄弟姐妹、親戚、寵物等的關係。

再者，正因為家人無法滿足我們所需求的關愛與關心，我們才會向家庭以外尋求學校的老師、朋友、才藝老師、教你嗜好的老師與同嗜好的夥伴間的人際關係，因而擴展自己的世界，讓自己獨立自主。

並且，將關心轉移到自己的內在、想要了解自己的內心、發現人類成長的價值等等，都是因為有過痛苦的經驗。

正因為經歷過痛苦的經驗，我們的內心世界與自己的世界才得以變得豐富，養成不畏困難的強韌。

正因為經歷過痛苦的經驗，我們才會想對別人的善意有所貢獻。

子女與配偶讓我們看見自己的陰影

無視、否定我們的人格與生活方式的部分稱之為「陰影」，當我們聚焦於自己的陰影並將其整合時，我們就會獲得成長，變得更加豐富。

而配偶與子女會讓我們自己的陰影具體顯現。

例如，假設你是名男性且一直相信「男性必須要堅強」，你否定軟弱與情緒性的事物，一直相信「我很堅強、我必須堅強」。

而那樣的你生了一名男孩。但那男孩膽小又畏縮，明明已經上了小學，卻動不動就會哭，並且那孩子也很討厭你所喜歡的武術。相反的他很看重家人間的親情，對富有情趣的美好事物感性豐富。但你覺得這樣的兒子太過軟弱而無法接受，於是你想改變你的兒子讓他變成堅強的孩子。

但其實那孩子顯現出的是一直以來遭你自己否定的自身陰影。

假如你透過那美好的兒子察覺自己的軟弱而接納自己的弱點時，你的為人就會變得較

為豐富，人際關係變得較為豐盈，人生也會富足起來。

或者假設你是一名女性，是名只偏重「堅強」之男性的妻子。而妳偏重「善良」、「憐憫」的價值，在妳內心的「嚴厲」、「強韌」、「獨立」培育得不夠充分，因而妳認為對兒子嚴格的丈夫有錯而否定他。

但是，假如妳從美好的丈夫那裡學得存在於妳內心中的嚴厲、強韌、獨立的價值，妳的為人會變得較為豐富，人際關係變得較為豐盈，人生也會富足起來。或許妳也能透過工作對社會有所貢獻，並獲得經濟能力。我們賺錢就是對社會所做的最大貢獻。

像這樣，配偶與子女會顯現我們以往自己所否定、輕視、忽視之部分的陰影，而那就是我們成長之所需。

培養在正面的情事中找出負面能量的習慣

因為我們會在「嚴厲、冷淡、挑戰」與「和善、溫暖、保護」的夾縫中發揮最大限度的自我成長，所以這兩者會以相同的能量來到我們身邊。

這意味著在我們貼上「好事」標籤的事物裡，其中也會具有正好等量截然相反的特性。但當我們沒能看出此點特性，偏頗地認為「發生好事了！」而飄飄欲仙時，一旦其中所含之截然相反的特性（判斷為壞事的特性）發生，那時我們就會感到受傷、憤怒、沮喪。於是就會像這樣重複感情的起起伏伏，任他人與他事所擺佈。

當被貼上「好事」標籤的事情發生時，我們要先找出其中所含與正面能量相等的負面能量，從眉飛色舞的狀態回歸到愛與感謝的穩定狀態才是明智之舉。

例如，假設妳男朋友向妳求婚了，那時多數人都會覺得這是「百分百美好的事」而雀躍不已。但之後就會出現訂婚、結婚中所含之截然相反的特性，讓妳舉棋不定。那時妳會陷入深深的低潮想說「沒想到他是這種人」、「不應該會這樣」。而在此種情緒極端的情況下，就會導致充滿憤怒、怨恨、傷害的毀婚與離婚。

為了別像這樣被感情的起伏捉弄與支配，而在愛與感謝的穩定狀態下拿定主意、專注於自己想做的事、過自己的人生，我們就要找出與訂婚・結婚正面能量同等量的負面能量，才是明智的做法。

例如，當妳一旦訂婚或結婚，就會與同性朋友、單身朋友、兄弟姐妹、父母等人的關係變得淡薄。

金錢的用途、住居等與生活相關的一切事情都減少了自由，得要配合對方才行。

與對方父母和親戚的來往就會增加。再者，如果還要懷孕、生產、育兒，會增加更多不自由與不方便的事情，而妳用於工作及嗜好的時間勢必也會減少。

其他還有種種負面情事，因此妳要將所有負面情事寫出，直到妳自己確信它們與正面情事具有同等能量是件重要的事。然後在明白對自己而言，正面情事與負面情事具有同等能量的前提下，為了自己持續的成長與邁出新的一步選擇訂婚・結婚時，妳就能以穩定的自我軸心踏入訂婚・結婚的生活。

我們愈是能夠不以偏見、扭曲的眼光看待「好事」、「壞事」等事情，我們就愈不會依賴別人、執迷不悟、怨恨別人、成為可悲的犧牲者、被感情劇所愚弄，而能把「自己想怎麼做」、「自己想成為什麼樣的人」置於中心位置，發揮自己的長處活出精彩的人生。

這就是你對自己與你周圍的人最佳的貢獻。

消除失落感的演練

由於父母離婚或離世，很多人就會認為「自己兒時或年輕時就已沒有父親（母親）」。還有，也有很多人因為沒有戀人或配偶就感到孤獨。如果你也這麼認為，那請你務必進行下面的演練，你的失落感就能因此消除。

假設你認為「自己兒時就沒有父親」，在此種情況下，把你認為在你沒有父親的時期，代替你父親為你做事的所有人都寫下。

例如，假設你父親在你上幼稚園時離婚而離家，那在你父親離家後是由誰代替你父親，為你做你父親之前替你做的事呢？比如你父親為你做的事有經濟上的支援、關心、管教、陪你一起玩、一起聊天等等，而在父親離開後替你做這些事的人可能有你母親、祖父母、叔叔、阿姨、兄弟姐妹、鄰居、認識的人、老師、教練、朋友、戀人、配偶等。在經濟支援方面，如果你接受了救濟金，則意味著是政府提供了援助。再者，或許你自己也已獲得以往你父親為你提供的能力，可以自己為自己提供，如笑容、獨立自主等等。

並且，父親一人不在之後，通常會由多人分擔提供父親以往所提供的事與物。你要把那些人全都寫出來，直到你能明白並確信父親之前所提供的事與物，已由其他人等量提供為止。

之後，假設代替你父親為你提供關心、建議、依靠的補習班老師與班級導師都不在了，因為新學年你不用再上補習班，而班導也換人當了。

於是從那瞬間起，補習班老師與班導以往為你提供的關心、建議、依靠，應該就由不同之人為你提供了。或是以往為你提供關心、建議、依靠的人們，應該會為你提供比以往更多量的關心、建議、依靠。那些人是誰呢？你要全部寫出如朋友、前輩、親戚叔叔、阿姨等等。

像這樣寫出所有的人，那你「自己沒有父親」的認知就會變成是種空想，你就會了然於心，你的人生中一直都有父親的存在。

接著，你要寫下在你父親離家後由補習班老師與班導等不同之人，為你提供以往由你父親提供的事與物，此事對你而言有哪些具體的助益。

例如，可能有如下的益處吧。父親過去經常會碎碎唸，但補習班老師與班導不像我父親那樣碎碎唸；因為以前與父親同住，所以總覺得自己經常被監視，但補習班老師與班導只有在補習班與學校才會見面，讓自己感到輕鬆多了；補習班老師與班導給我讀書的建議，比父親所給的建議更容易理解、並對升學有益；以前由父親一人所提供的事與物，現在改由多人提供，我就可以不再執著要父親一個人提供了……等等。

要像這樣多多寫出由父親以外之人所提供的正面助益。如果你能確定由你父親以外之人反而提供給你更多助益時，這項演練就告完成。

接著，假設是你「沒有戀人或配偶」而感到寂寞時，首先要簡短寫下如果你有戀人或配偶，他們會為你提供的所有行動。例如，「誇讚我的容貌」、「稱讚我的個性」、「替我支付一部分伙食費」、「陪我聊聊日常瑣事」、「給我工作上的建議」、「聽我說話」等等。

這時不可寫下你的感覺與解釋。例如，如果有戀人．配偶的話，「不會寂寞」、「自認為很有魅力」、「人生充滿活力」等是你的感覺與解釋，並非是戀人．配偶為你提供的具體行為。如果有戀人．配偶，要寫下他們為你做了何事才會讓你感到「不會寂寞」、「自己很有魅力」、「充滿活力」等具體的行動。

接著，寫下所有代替戀人・配偶提供你這些動作的全部成員。例如，是誰誇讚你的容貌、是誰稱讚你的個性、是誰替你支付一部分伙食費、是誰陪你聊聊日常的瑣事……像這樣，你相信戀人或配偶應該會為你提供的一切行為，應該都會有其他人代為替你提供才是，你要將那些人全部書寫下。有時除了你周遭的人以外，也或許可能是收音機、影片網站中的上場人物、寵物、植物，也可能是絨毛玩具、家具、個人電腦、房子等東西，或想像中的生物。

假如全部寫出你認為戀人或配偶應該會為你提供的行為，已由別人（包含動植物、想像中的生物、東西）為你提供，你就會明白，你一直相信對你而言所需要的東西，已然全部存在於你的世界中。

接著，你要具體寫出你認為自己所需的事物，由其他人（包含動植物、想像中的生物、東西）代替戀人或配偶為你提供的好處。不單只是戀人，由於是由多人為你提供，因此你就無須執著於戀人，既可以放心、也不會妨礙你的工作、更無須像戀人一樣煞費心思、還能擴展你的人際關係、也不用像與戀人交往一樣花大錢……等等諸多的好處。

當你完成這項演練時，就會湧起一股感謝現今生活的心情。

不過有些人認為「如果滿足單身生活會變得結不了婚」。但是，如果你因為單身生活的匱乏而急於找尋戀人或配偶，往往就會降低自己的價值、被對方所擺佈、討好對方、執迷於即使在一起也無法快樂之人。並且，與同樣對人生感到不滿、相信「你應該按照我的要求，讓我幸福」的人心意相投的可能性變高。

而你愈是確信自己的價值，就愈能與同樣肯定人生、認同你價值的人心意相投。

至此，我介紹了對喜愛與感謝過去・現在有幫助的演練項目，而在本章最後，容我來介紹對因應未來不安具有助益的演練項目。

透過四個步驟，讓你過上以自我為軸心的生活方式

任何人要著手新事物時都會感到不安，而德馬蒂尼法則則可以用來因應未來的不安。對今後著手的新事物感到不安的演練，有如下四個步驟。

第一步：具體寫出今後要著手的新事物在現實上可能發生的最糟情況。很多人會認為「因為不曉得之後會發生什麼事而感到不安」，這是錯誤的想法。我們之所以會對未來感到不安，是因為我們會在心裡假想「要是事情變得這麼糟該怎麼辦？」，相信「糟糕狀況」發生的具體可能性。因此我們就要具體寫出著手新事物時實際可能發生的最糟狀況。

第二步：寫出過去有過類似的經驗時，你如何克服。正是因為你克服了過去類似的狀況，才得以存活至今。寫下所有克服的方法後，即便有類似的狀況發生，你也會比較堅定認為可以克服。

第三步：為了減少第一步所寫的最壞結果的可能性，寫下你現在能做之事。然後要儘量去實行，當你愈盡力實行，就愈不致受茫然的不安所苦，還會感受到自己的力量。

第四步：假設當真發生了現實中可能發生的最糟狀況，你要儘量寫出自己具體如何有效利用那種情況及情事。

要儘量多寫下來，即使情況變成了你預想中的最糟結果，假如你能確信最糟結果中也含有等量的正面助益，那你對未來的不安就會減少很多。

這四個步驟要確實花時間徹底施行。愈徹底施行，就愈能減少不安，採取較為實際的行動，過上更加以自我為軸心的生活。這點也有助你產生信心。

深入篇

共鳴療法 ❾

接受專家的援助

狀況沒有好轉時的突破口

這樣真的沒問題嗎？

到此我已傳授你療癒兒時內心傷痛及自行演練德馬蒂尼法則的方法，接下來我要談談接受專業諮詢師心理援助的事宜。

面對自己是件令人害怕的事。我們會在不知不覺中對自己撒下善意的謊言，試圖要說服自己「問題不在自己」、「那是過去的事，已經沒關係了」、「不要回顧過去，生活向前看就可以了」。同樣的，我們也會找出各種理由「這種事沒什麼大不了的」、「每個人都會有一、兩件痛苦的事，想東想西也無濟於事」等等來試圖避免面對自己。

然而，當我們真正面對自己的內心時，就會明白其實自己的內心至今仍會因為受傷而刺痛難當、悲傷、憤怒[2]。然後你會意識到那是因為人際關係變得痛苦的原因。

參照

2　本頁的敍述乃參考身為人氣座談會講師・心理諮詢師而支援過眾多心理患者的岡部明美女士所寫的精彩著作《約定之路》（學藝未來社）中岡部女士在眾多的研修會上，描述面對自己內心時的心情部分（36～37頁）。

單靠努力無論如何都到達不了時

當你認同、接受、愛上原有的自己時，你就會得到療癒與成長。隨著你的療癒與成長，你也就能更進一步認同、接受、愛上別人原有的面貌。**於是人際關係中的不安、傷害、重擔就會逐漸減輕，內心也會變得輕鬆，喜悅就會增加。**

本書為上述目的已提供了兩種療法，我已在書中儘可能詳細傳授你可以自行演練的方法。不過也許即使你付出努力也得不到自己想要的結果，那是因為造成我們痛苦的原因位於心中的下意識領域，也存在有意識的努力到達不了的地方。那時與其想憑藉自己的力量努力前進，毋寧藉助心理諮詢師、心理治療師、臨床心理師、認證心理師等專家的協助，來致力於你的療癒與成長，那樣你就可以走得更快更遠。

專業諮詢師就像溜冰鞋

若要打個比方的話，心理諮詢師就像雙溜冰鞋。運動鞋、高跟鞋能在冰上前進嗎？雖然光腳可以站在冰面上。

如果你穿運動鞋或高跟鞋溜冰，不僅舉步維艱，也很難前進，何況光腳，實在太冷太苦。但若你穿上溜冰鞋前進，你可以溜得更快、走得更遠。

迎風奔跑的快感是位於沒有溜冰鞋，就絕對無法體驗的世界與境地。

只是，無論多好的溜冰鞋都無法帶你前往任何地方。你得要自己穿上溜冰鞋前進。

當你要前往解決人際關係的痛苦、喜愛自己與接納原有的自己那條道路時，**與其以自己的方式努力、或尋求身邊之人的意見，倒不如藉助專業心理諮詢師的協助，才能更快速地前進到更遠的地方。**

治療的效果也遠大於你自行練功。

一邊聆聽，一邊感受說話者的存在之美

我身為專業的心理諮詢師與前來諮詢者會面時，都會感受到前來諮詢者的存在之美。

我能感覺到前來諮詢者的中心部分就猶如美麗的水晶一樣閃耀，那時會有一種靜謐的感動湧上我的心頭。我一邊被前來諮詢者那種與身體之美全然迥異的存在之美深深感動，一邊與他．她同在一起。

不過，前來諮詢者自己本身不僅不會感到自己的存在之美，還無法喜歡自己、充滿了自卑感、憎恨他人、沉浸於悲傷之中等等，為人性的負面自我主義所囚。

但對我而言，我感到前來諮詢者那猶如水晶一樣高貴而美麗的存在裡，含有黑暗、苦澀等各種各樣的人生經歷。

只是，我不會跟前來諮詢者說「你的存在是一種美麗」、「真正的你是個珍貴而美好的人」這樣的話。

我身為專業諮詢師的工作，並非只是說那些話讓前來諮詢者的心情一時獲得表面的輕鬆而已，而是要幫助他們解決「無法喜歡自己」、「感覺不到自己存在的價值」這種痛苦的原因。

你需要讓自己綻放光芒的舞台

內心的傷痛會更進一步帶來心痛、悲傷、孤獨、斷絕、憤怒等黑暗的經驗。

但是，正因為有黑暗的一面，我們才能實際體驗與感受和善、希望、喜悅、勇氣、美麗、療癒、成長等光明面。因此為了光明與喜悅，黑暗乃是必需的舞台。

容我重複再述，將黑暗視為「惡物」而加以否定、與之抗衡本身即是黑暗的行徑。你愈是那樣做，黑暗就會變得更加強大而有力，痛苦也就會增加。

黑暗是對我們的成長、與在這世上實際體驗喜悅時不可或缺之物。善用黑暗，我們才能成為你想成為的那種人。

那才是黑暗存在於這個世界的目的。而與專家一起在那條道路上前進，是種極為明智的選擇。

終於下一章即將是最後一章了。

最後，我要介紹給大家某位女性寫下她克服了從童年時期以來的痛苦經驗。那是傳達有關我們內心的重要領悟的珍貴手稿。

深入篇

共鳴療法 ❿

不僅只是人際關係，
也會改變你的人生

從某位女性的生活方式得知之事

生活的大智慧

【關於這篇手稿】

本篇手稿在關於未能被療癒的內心傷痛是如何影響我們的人際關係、感受自身的方式、日常的情緒、以及如果從根本解除內心傷痛，我們的人際關係與生活將會有何種改變等等方面，傳達給我們極為發人深省的寶貴訊息。因此在手稿本人欣然允諾下我想與大家共同分享[3]。

寫下這篇手稿的惠美小姐參加了由我主辦的德馬蒂尼法則的研討會小組課程[4]，努力要解決長年以來與她母親的關係所造成的內心傷痛。惠美小姐手稿中所出現的「課程」，指的是那場德馬蒂尼法則的研討會。另外，那場研討會是由我與赤木美香女士[5]二人所舉辦，在此向赤木美香女士致上深深的謝意。

那麼接下來，就要透過惠美小姐分享給我們的體驗，來學習讓人際關係更幸福、更豐富的大智慧。

參照

3　雖然惠美小姐表明可以用她的本名刊登這篇手稿，但以我（古宮昇）的判斷，還是決定以假名刊登，因此她本人選了「惠美」這個名字。我深深感謝她欣然允諾手稿的刊登。

4　由於美國的德馬蒂尼公司並非將德馬蒂尼法則當作心理諮詢或心理療法，因而我（古宮昇）並非是以公認心理師．臨床心理師的身分，而是以引導師的身分提供了這次的研討會。

5　赤木美香女士是一位人力資源開發顧問，是克拉克．未來．顧問公司的代表，於企業研修、催眠療法、德馬蒂尼法則的個人課程等領域相當活躍。

【我是由「狠心的父母」撫養長大】

我父母有穩定的工作、身體健康、住在有庭院的獨棟房子裡，撫養三個女兒，在外人看來，是一個極為普通的和睦家庭。

但我父母似乎總是很苦悶的樣子。

「幸福的條件」應該一應俱全了才對……。

我母親的內心裡住著一個受到了無可挽救的極度傷害而哭泣不止的兒時自己……。

父親似乎也有種「沒有任何人了解自己」的苦楚……。

那是在我十歲左右時的事吧。我記得看到父母那樣的背影，想著「啊、我以後活著也只會痛苦而已」，我那兒時心靈對今後的人生感到悲觀。

我在一個所謂的「受虐家庭」出生，由「狠心的父母」撫養長大。

我想起我母親對我說過的許多話。

「沒生下妳就好了」，她否定了我的存在。

我一直確信我母親是「折磨我的人」、「我痛苦的源頭」。

甚且，我們三姐妹就在「要是沒有妳們，我就不用跟那種男人結婚了」、「妳們哪知道我有多忍耐、多犧牲」這樣的言語暴力下長大。

我父親是家庭施暴者，經常對我母親施暴，我也被毆打過好多次。對身為女孩子的我而言，遭父親暴怒毆打是件多麼可怕的事……。

好可怕、好可怕。我好怕男人……。

我心裡想著「男人是敵人！」而長大。

有一天，我母親因我父親家暴而去報警。一回到家，就對我們姐妹這樣說「妳們的父親是罪犯，所以妳們要離開這個家到孤兒院去」。

我就是被這樣的父母撫養長大，並且一路以來都把事情藏在心裡，不去正視。

【育兒之苦】

結婚後我有了孩子。

「我才不會跟我母親一樣呢。孩子出生後，我會全心全意地、全心全意地愛他！等孩子出生了，這次我就真的能夠得到幸福，也要讓我的孩子過得幸福！」

我相信會是如此。

然而，事實卻不然。

首次育兒讓我感到茫然不知所措，根本無暇沉浸於幸福中。

沒日沒夜整天抱著孩子、換尿布、餵母奶、因為照顧孩子而睡眠不足。雖然產後身體不能隨心所欲地活動，家事還是不做不行。

理所當然的事情卻無法理所當然地做好。

「這樣的我哪能把這孩子撫養成幸福的孩子呢？」

巨大的壓力與孤獨，讓我一個人感嘆自己的不爭氣與不中用。

「為何只有我這麼痛苦？」

「我活著幹什麼？」

我苦於被空虛折磨。

育兒讓我覺得像是把自己的人生從根本開始刮除。

我母親的事、我父親的事。

我那試圖表現得像個大人而所掩蓋的感情。

我的父母沒有按照我渴望的方式愛我，我被不成熟的父母撫養長大。那未解的悲傷、寂寞與憤怒向我襲來。

結婚後擁有自己家庭的我，明明好不容易終於得到了幸福，是我渴望已久的自己的家庭，但卻從未打從心底感到滿足。

我也猶如自己的父母一般，深信沒有任何人會了解我那深深受傷的幼時心靈與自己。

即使幸福的條件一應俱全，我還是一直感到痛苦。

我害怕改變，也害怕受傷，因而一直重複相同的人際關係模式而感到痛苦……。

大女兒出生後，我當了媽媽，而我母親則成了祖母。

我母親把剛出生的女兒抱在懷裡，因為第一個孫子的誕生而開懷地說「以前的人生黑暗得沒有任何好事發生，不過因為孫子的出生，好不容易才出現了曙光！」。那時憤怒湧上我的心頭。

我出生的時候媽妳不開心嗎？

那幹嘛要把我生下來？

我的胸口又疼了起來，就像個年幼的孩子在哭泣……。

母親的生母在她六歲時因病去世，因此她說從那之後她就一直害怕死亡。而在身為么女的我六歲上小學時，她就想說「啊、這樣我什麼時候死都沒關係了」。

我母親在艱難的環境中，好不容易才擁有她一直渴望不已的家庭，但日子卻過得不如她所願。她跟婆婆及丈夫都處得不好，在夫家受到家暴、在娘家沒有歸屬的地方、對身邊的「媽媽之友」感到自卑，覺得自己非常孤立與寂寞。

母親在那種情況下努力撫養我，我卻無法感謝她的……罪惡感。

在育兒當中，遇到不順及痛苦時，「媽媽也是在痛苦中把我們撫養長大的呀……。可是結果我也同樣那樣對待自己的孩子，我真是笨啊……」。我對這樣的自己很失望。

「媽媽當時或許也是這樣的心情……」

透過育兒，我覺得自己探尋到了母親無法治癒的悲傷。

【解說】

如果你以某人當反面教材，自己也會重蹈覆轍，並且，你對對方的憤怒與輕蔑也會歸還自身。如果你認爲「不可以那樣做」、「我得跟別人不一樣才行」，則無異是自我束縛，讓自己動彈不得。眞正的解決方法並非是拿別人當反面教材。

但眞正的解決方法也並非是「原諒」對方。所謂的「原諒」乃是「那個人做了壞事，但不要責怪他」、「那個人做了那種壞事實在惡劣至極，跟他相比我可優秀多了」，這裡面就有種隱藏的優越感與蔑視感，那會讓你愛的本質蒙塵。

眞正的解決方法是對對方抱持愛與感謝，那時你才能擺脫那人的控制，活出自己。

【生存的恐懼】

還有，我的內心有個這樣的信念一直在折磨我自己。

「如果不是因為我無知無助的話，就會像姐姐們一樣被父母虐待。所以，我不能有自己的想法、也不能付諸行動。」

「如果我不夠可愛的話，就會像姐姐們一樣被虐待。所以，如果我不表現得惹人疼愛，那我就沒有價值。」

「男人都很高壓和暴力，所以我有可能會被殺。」

「我害我父母變得不幸，我不應該存在。」

「跟人深交就會受到傷害、別人會覺得我很奇怪。展現真實的自己會被人家討厭，所以跟人淺交就好。」

不僅如此，我還有個信念是「沒有人會想聽我這種無趣的人說話」。我深為口吃、結巴、臉紅症所苦。

我一直相信「因為有這些症狀，害我開不了口」，但那只不過是「我是個無趣的人，反正也沒有人會想聽我說話」對這種過於痛苦的信念視而不見的自我防衛。我寧願相信我之所以無法與人對談，不是因為我是個無趣的人，而是因為我的病症的關係。

我想這是我對身處黑暗深處的自己所具有的愛。

我一直認為患有口吃的自己很可憐，並且無法對任何人說出真心話，也讓我感到非常孤單。

我無法告訴別人自己真正痛苦的另一個隱藏的理由在於我也想持續秉持「我是在特別糟糕的境遇中長大」這種特別的意識。如果我對別人敍述自己的處境而獲得理解的話，那我就會變成普通人了。我覺得也是因為懷有此種心情，我才一直無法向別人述說內心的世界。

我心中所存的這些信念，是我兒時形成的下意識信念；是兒時的我看著父母與周遭的反應，為生存下去所自行建立的信念。

長久以來我心中一直住著懷抱痛苦、不安與憤怒的兒時自己，我一定還有很多尚未解決的痛苦。

【對女兒感到的罪惡感】

我對我女兒感到非常強烈的罪惡感。

我無法接受我女兒原有的樣子，不自覺就會干涉她、對她說話苛刻、還想遠離她。我有一種無法得到別人認同自己的悲傷，那種悲傷至今仍糾葛在我心中，令我無法原諒自己。

並且，每當我看到別的母親為她的孩子做了我無法替自己的孩子辦到的事時，我就會很沒出息地想說「我是個沒用的媽媽」。例如，注意到孩子的手髒了，幫孩子把手擦乾淨、落落大方地對待孩子等等……。

我真心鑽牛角尖地想著「妳出生來當我的孩子，真是可憐啊……」。

【解說】

否定別人．攻擊別人與自我否定．自我攻擊是一體兩面的。惠美小姐否定父母的心情，轉換成否定自己、責備自己的心情而使她感到痛苦。

【接受心理諮詢】

我開始接受心理諮詢了，不過，我非常抗拒吐露對母親的負面情緒，我下意識地抗拒了大約一年左右。

那種抗拒心來自「我想愛我媽媽」的心情。

我之前接受的心理諮詢是要傾吐自己的感情，並承認自己也做了相同的事，然後重新審視自己的行為模式，以免讓孩子受到不快行為的影響。

但是，這樣並無法真正解決根本的問題，也無法抵達我自己想去的地方，不是嗎？我感到有種不協調的感覺。

【想死的念頭】

不僅如此，我的內心還有種「想死」的念頭。

我想如果我一直這樣無視自己被壓抑的感情，不是搞得自己精神異常，就是搞壞自己的身體也說不定。

現在回想起來，我也曾試圖解決自己的痛苦，像德馬蒂尼法則的問題一樣詢問自己。但罪惡感與內心的抗拒在阻礙我，我害怕得無法獨自解決問題。於是我經過再三考慮，決定參加古宮昇醫師的群組課程。

我下定了堅定的決心要從根本解決內心的傷痛！

那就是「不再過以往那種生活」的決心。是種不再當個既可悲又可憐的受害者，不再把自己人生的責任推卸給別人，要自己過得幸福的勇氣。

但是，儘管我秉持如此堅定的決心，到上課當天早上為止，我對要改變自己仍然抱有抗拒與不安。

那是對未知的恐懼。

我擔心永遠失去讓他們知道「自己錯了！」，改正他們錯誤的機會……、我覺得身處不幸這個優點很誘人……。

我遲遲無法放棄身處不幸這個選項。

【對我以往憎恨的母親獻上愛與感謝】

在諮詢課程中，我正視了我母親那些造成我怨恨與悲傷的言行。我花了很多時間努力找出我母親那些造成我怨恨與悲傷根源的言行，結果發現了以往一直看不見的許多正向因素。那些正向因素給了我現在不可或缺的重要東西，請容我寫下那些我所發現的正向因素中的極小部分給大家分享。

有次我母親因為父親的家暴去報警，一回來就怒容滿面地對我們說「妳們的父親是個罪犯，所以妳們要離開這個家去孤兒院住啦」那件事。那段記憶一直深深刺痛我的心。

由於我太渴望母親的愛，所以直到聽到那些話語之前，我都沒有和媽媽的心靈保持距離。但是每次聽到那些刺耳的言語，我就逐漸對我母親關閉了我的心，跟她開始保持距離。於是我開始認為母親的意見及想法並非全都正確，在敞開心扉接納其他人想法的同時，我自己也逐漸變得更加重視自己的感受。我可以獨立自主了，並且，變得能夠考慮到被稱為「罪犯」之人的心情，也能與那樣的人在情緒上產生共鳴。

甚且，「要是沒有妳們，我就不用跟那種男人結婚了」、「妳們哪知道我有多忍耐、多犧牲」，由於在此種言語暴力下長大，所以當我成為人母後，深刻感受到珍惜自己、讓自己幸福對孩子們而言是至為重要之事。故而在我結婚後，我更加努力要讓自己得到幸福，所以我接受了心理諮詢，也得以遇見古宮昇醫師。

母親所說「沒生下妳就好了！」那句否定我存在的話，讓我憎恨母親、與她保持距離，轉而尋求父親的慈愛。那之後我察覺到從小就讓我非常懼怕的父親也有他慈愛的一面，因此我對男性的恐懼減少了，才得以與現在的先生結婚。

除此之外，透過這次的諮詢課程我發現到了很多事。小組裡的其他成員，也對幾十年來感到強烈恨意及悲傷的人，懷有愛．感謝，而後流下了解放的淚水。最後我心中也對母親只心存愛與感謝。自己一人無力獨自完成的事情，也因為有醫師從旁的協助而得以完成。我內心深處那巨大的傷痛與心裡的晦暗皆得以解除了。

那時，我明白了「啊、這就是我想做的事」。

諮詢課程最後當我被問及「妳的母親是什麼樣的母親？」時，從我口中說出了「她是個了不起的母親」。我淚流不止，那不是「原諒」的心情，而是湧現對我母親的一切所表現的愛與感謝。

那天踏上歸途時所看到的夕陽，非常地美麗，是我人生中最美麗的落日。

【心情的變化】

自從那次諮詢課程以來，很多事情都改變了。例如早上醒來時，我身體感到輕鬆無比，心情不會覺得沮喪。

以前我一旦過度努力、遊玩、生氣的話，就會變得提不起勁來，想要有一個人發發呆的時間，但現在不會再出現那種情況了。

我不再以憤怒來掩蓋自己的不安與悲傷，不同於以往，再也不會對焦慮的自己感到焦躁不安了。

那是課程結束後的第五天早晨的事。在我感到身體變得輕鬆時，我發覺「啊，對了！以往我都把精力耗費在找尋生與死的理由！所以才那麼容易感到疲累！」。之前的我一直在審判自己，一直有種「我該死」的罪惡感與自我否定；但另一方面也一直在尋找自己不用被執行死刑的理由；然而同時也有「厭倦了奮戰，想要一死以求輕鬆」的心情。

「我想活」與「我想死」持續在我心中交戰。

但自從參加心理諮商的課程後，我的想法改變了。

我可以存在！

我可以活下去！

我可以愛別人！

我可以為人所愛！

因為我可以活下去、可以為人所愛成了理所當然的事，所以我再也無須那樣告訴自己。我內心感到非常踏實。

再者，我現在也明白，自己耗費了多少精力要掩蓋心底這些感覺。

憤怒與悲傷

無法無條件愛我母親的罪惡感

無法得到我母親對我慈愛的悲傷

現在我可以將之前浪費於內心交戰的精力用來積極向前過生活。以往耗費於壓抑自己感情而令我疲憊的那份精力，現在可以將它用於自己的熱情上了。

而我之所以擁有這份熱情，是因為有人需要它。為了可以收下我這份熱情的人，我變得能夠積極思考，為了自己想做的事而淬鍊自己。這是一種溫馨的心情。

【與母親的關係改變了】

我的心底一直有著「我不能得到幸福」的想法。

那是因為我以前一直認為

「都是因為我才害得媽媽不幸，我也得和媽媽一樣過得不幸才行」

「如果我過得幸福，媽媽就變成了踏腳石，那樣媽媽太可憐了，我辦不到」

「我想藉由怨恨和媽媽有所交集」

但現在我由衷覺得如果我過得幸福，媽媽的願望也會實現。

由於我母親曾說都是因為我們姐妹，害她「跟那種男人結婚，而忍耐犧牲」，因此我相信我的存在是造成母親不幸的原因，故而否定自己。但德馬蒂尼法則讓我注意到一件事，正因為有我們姐妹的存在，我母親才沒有自殺而活了下來，我們為母親的「生」做了貢獻。

以前我一直感到不安，覺得如果我向母親道謝或原諒母親，她就會魯莽地闖入我的內心擾亂我。為了不想被母親闖入，我刻意與她保持距離，儘量不要與她見面，那也是我罪惡感的來源。

但是，由於我不再見我母親，所以她退休後仍繼續工作，有了瑜珈、爬山、健行、排球等興趣，因而結識了各式各樣的朋友。有人聽她說話，她對自己的人生抱持肯定的態度，極想找出自己人生的意義。

由於我不再見她，所以我母親收到了各式各樣的禮物，因而我不再為了與母親保持距離而感到罪惡感。

我想傳達我內心湧現的愛。

我打電話給我母親。

我淚流滿面跟我母親說「媽，謝謝妳。我很幸福喔」，我母親雖然邊笑著「說得好像妳要死了一樣，別說啦～！」，但還是邊說「好啦好啦好啦」接受了我感謝的心情。之後，她依然像以前一樣向我抱怨東抱怨西。不過我不再像以往一樣焦躁不安，反而覺得她有點老可愛。

以前的我擅自要背負「我得讓媽媽過得幸福」的包袱，而後對無能為力的自己感到沮喪。不過，母親有她自己的人生，現在我感到母親已經找到她自己的幸福了。

其實以前我雖然怨恨我母親，但卻仍然想存留在母親心中。我才是那個執念不忘的闖入者。

我覺得世上所言「母親的詛咒」這句話不合事實，因為在詛咒的人不是母親而是我自己。

並且，以前我一直相信「如果我向母親表達感謝之意的話，她會對我更加執著，會更無所忌憚地闖入我心裡」，因此我不得已只能與母親保持距離。但實際上，即使在我向母親表達了我的愛與感謝後，她既沒常常打電話給我、也沒執拗地闖入我心裡。

然而若是以前的我，如果我母親沒有執拗地闖入我心裡，就會讓我有失落感。亦即，我希望母親因為不幸與孤單轉而求助我，所以我無法希望母親過得幸福。

我既不願母親執著於我，也不願母親不執著於我。

但現在，我很高興我母親因為滿足而不再執著於我。

【被愛的記憶甦醒了】

以往我一直確信「我沒有從媽媽那裡得到愛！」。

但在諮商課程之後，被母親所愛的記憶逐漸甦醒，猶如漆黑的奧賽羅棋盤一下子變成了白色一般。

例如，當我為孩子們唸圖畫書時，我在自己的聲音中感受到母親的存在，讓我心裡覺得好溫馨。

呼吸的聲音。

翻頁的聲音。

話語之間。

在微亮的床上度過的溫馨時光……。

那是母親在我兒時給我的東西。

母親的愛，實際上一直都在……。我明明有被愛，卻下意識地將那段記憶掩蓋。

我之所以不明白的原因是因為自己一直想當個受害者，而把母親形塑成加害者。

還有，以前我都不覺得自己做的料理有多好吃，我想那是因為我對母親做的料理有太多負面想法的緣故。

但在諮商課程結束後，我覺得自己的料理變好吃了。

那是當我把形狀烤得很漂亮的戚風蛋糕遞給我的孩子時的事。啊！我想起母親遞給我時也對我說「這裡最好吃喔」，我想起母親笑嘻嘻地看著我說「我最喜歡小惠美吃東西的樣子了」。

以前的我就算肚子不餓，也會受制於「不吃不行」的想法。那是因為幼時的我相信，只要我吃飯，母親就會有幸福的感覺。我想起了那件事，但那受制的感覺不見了。

還有，我一直想知道母親的內心怎麼想。我想知道「媽媽那時為何會那樣說？」的疑問的答案。但若我追根究底的話，我寧願相信「媽媽之所以對我說話那麼惡毒，不是因為她不愛我，媽媽一直很愛我的」。

由於我試圖進入母親的內心以了解她的心，所以當我與人相處時，也會想要進入對方的心，把對方帶入自己心裡。但內心的界限很淡薄，於是對方的痛苦心情會傳染給我，我也變得很痛苦。我一直重複那樣的人際關係。

但在諮詢課程之後，因為我可以確信母親對我的愛，所以再也不會試圖進入母親的內心，因而與人相處也變得輕鬆了。

即使是對我母親的未解之痛已經化解了的現在，我仍關心人的內心。但那不是因為感受不到母愛的痛苦所產生的關心，而是因為想要感受一個人的內在美，這種源起於對人的愛而來的關心。因此以前只要細聽別人的話就會感到疲憊的我，現在已不會再覺得有負擔了。

【對母親的愛甦醒了】

以前我百分之百確信我母親是「折磨我的人」、「我痛苦的源頭」，但她現在卻變成「扶持我的人」，真是一百八十度的轉變！我母親並沒有改變，但當我看到以往一直看不到的事實的那一瞬間，一切都改變了。小時候我一直想「變成像媽媽一樣溫柔的人」，也很喜歡我母親，現在又再度感到那種純真的心情了。

當我和女兒手牽著手時，我就會想起以前和母親手牽手去買東西的事。回家的路上，我對兩手抱滿東西的母親說「媽，我拿一半」，母親一定會回答說「如果小惠美長不高就糟了，不用啦」。我記得我很開心聽到母親那樣回答。

儘管如此，我還是很想幫她，很想和她一起拿東西，於是我就央求母親說「讓我拿沒關係啦」，那時母親就總會給我拿最輕的東西。

那時我母親的雙手既粗糙又有滿滿的龜裂傷。

那是一雙承擔了許多辛勞的手。

我現在認為因為那是一雙比任何人、比什麼東西都重要的手，所以我當時才會想和母親一起分擔辛苦與負擔，我也想疼惜母親的辛勞。

我想從此放下不需要的包袱，優游自在地做自己想做的事、做自己真正希望的事。

【偏執地理想化父母】

最近我注意到與對父母的憤怒有關的事。

我有個「媽媽之友」的好朋友名叫麻美。

麻美與我對母親懷有的憎惡、怨恨、恐懼完全相反，她偏執地給她母親貼上正向的標籤，說她母親是個「非常好的媽媽」。

猶如我因有偏見而痛苦一般，麻美也因為偏執於正向的想法而為育兒所苦。麻美有種「我媽媽明明為我們付出那麼多，跟她相比，我卻沒能替自己的孩子好好付出，我的孩子出生到我這裡真是可憐」的自卑感與罪惡感。

【解說】

對人的憤怒、憎惡、恐懼、悲傷等負面情緒會成爲一種重擔與限制、和成爲受傷害的原因，但我們卻沒有自覺。因人際關係而受傷、生活上發生痛苦的事情時，我們不會意識到那是起因於自己未能解決的心理問題，而會相信是來自自己以外的他人與情況出了差錯，或是責備自己「我這種個性眞糟糕」，但其實眞正的原因並非出在自己所認爲的「個性」上。

例如，有很多人會煩惱「無法喜歡自己」、「自我肯定度很低」。不禁有那種感覺的原因出自於對父母等他人的憤怒與憎恨，否定自己與否定他人猶如一枚硬幣的正反兩面。放任心中的痛苦不管，即便努力想要「認同自己」、「愛自己」效果也相當有限，因爲我們無法一邊否定別人而一邊肯定自己。

由於惠美小姐化消了心中最大的痛苦，因而在人生的各個層面都感覺到有了改變。這道理適用於我們所有人。

還有，與對人發怒、輕視別人的想法相反，景仰別人「高於自己」、「和自己不同很了不起」、「沒有他我不會幸福」等想法也是造成沉重負擔、限制、傷害等的原因。

其最大的理由在於我們一旦景仰某人，就會以那人的價值觀來裁定自己。

例如麻美小姐的情形，假設她的母親爲孩子們花費極多的時間與精力，獻身於教養孩子的這個認知是正確的，如果事實眞是如此，那是因爲對麻美小姐的母親而言，教養孩子比其他任何事情的價值（眞心認爲重要的事）都來得高的緣故。

相對於此，假設麻美小姐沒有花費那麼多時間與精力在教養孩子上，那是因爲對她而言，除了教養孩子以外，她還有興趣、工作、經濟上的穩定、與「媽媽之友」的來往等眞心認爲重要的事情。所以麻美小姐在育兒以外，也花費了時間與精力。

當我們朝向自己的最高價值（眞心認爲重要的事）邁進時，那對自己本身與周遭的人而言就是最佳的貢獻。就麻美小姐的情形來說，她與她母親不同，沒有將生活的一切都投入育兒當中，因此也許促成了孩子的獨立自主、她先生也許因此參與了育兒、麻美小姐本身也避免了因育兒壓力所造成的疲憊。她之所以將那些事情裁定爲「壞事」、「比不上她母親」、「不應該那樣做」的原因在於她自己否定了自己本身的價值觀，而以她母親的價值觀來裁定自己。

我們若以他人的價值觀來裁定自己，就會造成罪惡感、自卑感、憤怒等結果，並且若以自己的價值觀來裁定別人，就會導致對對方的憤怒、不和等結果。

麻美小姐因爲景仰她的母親，故而往下評估了自己，那就是造成自我肯定感偏低、自卑感重、自我感覺不佳的原因。

再者，當我們景仰別人時，下意識裡就會瞧不起、輕視相反的人。我們看看麻美小姐的情形，因爲她很景仰「爲孩子付出很多」的母親，所以爲了自己無法爲孩子付出許多而感到痛苦。同時，假如她看到有其他人也沒有花費許多時間與精力在育兒上時，應該會在內心輕視、攻擊那人才是。

因此，她會因爲「我不能變成那種糟糕的父母」而更加重自己的負擔，更加責怪自己不能像母親一樣付出而感到痛苦。

試圖肯定自己或肯定別人也不會有所效果，但如果從根本解決了否定自己與別人的內心傷痛，你自然而然就能變得肯定自己與別人。

而你那對他人的憤怒、恐懼、蔑視等負面情緒與景仰他人的情緒也可以消除，進一步讓你獲得自由。

【育兒的變化】

育兒也有了很大的變化。

在諮商課程化消了我對母親的憤怒、悲傷時，我明白母親是加害者的那個信念是我的幻想。

在那同時，瞬間我也變得不再是個加害者了。由於我不再是個加害者，所以育兒也就變得輕鬆許多。

我曾經相信「如果原諒我媽，我就會變得像我媽一樣」，那其實是害怕自己變成加害者的恐懼，害怕讓我女兒感到同樣悲傷的恐懼。

因為我心中一直存有那種恐懼，於是在我發怒、斥責、孩子哭泣時，我就會變得非常地不安。

「罵哭孩子的惡劣的我＝毋寧死了好」這種方程式在下意識裡產生，讓我變得過度不安。並且，沒能被母親無條件疼愛的悲傷，也讓我無法無條件疼愛自己的孩子，我對那樣的自己感到憤怒。

我現在明白以前之所以無法像現在這樣疼愛女兒的理由之一，是因為對女兒的嫉妒。因為我沒能得到父母的疼愛而感到孤單，但我女兒卻會撒嬌地要求「更多、更多」，並且我先生與其他大人也都很寵她……。

雖然我很感謝那些對我女兒很好的人，但同時那也令我嫉妒自己的女兒。

甚且，我也有意以相信「媽媽的教養方式是正確的」來守護母親，雖然這是種扭曲的心情，但那心情中含有我對母親的愛。而那種心情當中，更有想要肯定被那樣的母親教養長大的自己、想肯定自己人生的想法。

因此，儘管我堅信「我才不會像我媽媽那樣用那種糟糕的育兒方式！」，但卻經常對自己的孩子做了他們不願父母對他們所做的事，而且自己還相信「這樣做才對」……。

再者，我之所以對自己的孩子做了他們不願父母對他們所做的事，是因為有種想讓父母知道「我就是這樣被你們傷害而受苦」的想法在。我想其中更隱藏了我想讓父母對我道歉說「對不起，害妳難過」的希望在。

但當時我完全沒有意識到自己心裡有那種想法。正因為不知道，所以就無法阻止自己。社會上有一種強烈的風氣，會指責虐待或遺棄孩子的父母。如果說我虐待過自己的孩子也不為奇。我想那是因為那種父母，因為自己不被愛的悲傷與孤單、憤怒、嫉妒、還有對自己滿滿的罪惡感所導致。那樣的父母需要的不是責備，而是能理解他們的心情並加以扶持的人。

【從小學一年級以來的罪惡感消失了】

當我看到女兒與她朋友溝通不暢時，就會感到惴惴不安，不由得湧起一股想要介入加以控制情況的心情，那是起因於我的罪惡感。

小學一年級時我和非常喜歡的好朋友裕子吵架而刁難她，那個罪惡感一直留在我心中。現在我明白雖然平常會忘了那件事，但一看到我女兒就會因為對裕子的罪惡感讓我變得焦躁不安。

裕子的母親就是我們所謂的那種過度保護孩子的人，她總是很神經質地掛心病體孱弱的裕子。

相反的，那時我母親已經不關心我了。我一上小學，我母親就突然變得失了魂似的，可能是因為想起她過世的母親的緣故。被放任不管的我對裕子好生羨慕，我明明那麼喜歡她，卻對她感到嫉妒。

我生她的氣、對她說了類似譴責的話。因為她擁有我所沒有的東西，所以我刁難她，藉此可以不用看到感到羨慕、嫉妒的可悲的自己。我想填補一絲絲沒有父母關心的寂寞。我之所以持續對裕子說些類似譴責的話，也是因為在與她之間，重現我與母親的關係。

「媽媽為什麼話說得那麼過分？」

因為我想知道那個答案，於是就把自己當成我母親來責備裕子。在自己不知不覺中，把裕子與我重疊在一起。我想看到母親眼中的情景……。

並且，由於我內心深處也認為「我真是個壞孩子！活該被罵！我媽是對的！我得自己懲罰我自己！」因而透過傷害裕子來傷害自己並責罰自己。

「我傷害了她，我做了壞事，我也對不起她媽媽。」透過這次的諮詢課程化消了我背負了二十七年的罪惡感。

裕子因為我的刁難和我關係變得尷尬而吵架，之後我曉得她走上音樂之路，在音樂領域交到了知心的朋友，長大後仍一邊工作一邊繼續音樂之路。因為她母親是個鋼琴演奏家，所以裕子走上音樂之路一事，令她母親欣喜異常。

並且，我當時還不曉得，就如我被放任不管的寂寞一樣，裕子也因為受到過度的保護而痛苦，我想她應該也很羨慕我。

如果當時我們的感情還是那樣好的話，裕子應該會反抗她母親，而不會同她母親一樣走上音樂之路。

裕子與我感情惡化的第二天起，向學校請了一個星期的假。

那是對與周遭的人無法相處融洽、凡事都會顧慮別人的她而言所需要的時間。

因為她病體孱弱，所以大家都只關心她的身體，其實她真正希望的是要大家關心她那一顆寂寞的心。在那一星期當中，她得到了家人很多的關心與愛，之後家人也持續關心她的內心。正因為她跟我的關係惡化，她才能真正得到母親的關心。

也就是說，以前我明明認為「傷害了她」，現在卻看到了「送她人生禮物」的事實。

因為我已經化解了自己的罪惡感，所以即使我女兒和她的朋友吵架，我的情緒也不再大受影響，也有餘力陪伴在女兒身邊。現在對我女兒我都可以輕輕鬆鬆、自自在在了。

甚且，由於化解了內心的傷痛，我現在可以感覺到在那之前一直壓抑而不自知的兒時的快樂記憶與感情了。

現在和女兒們一起散步發現野花時，那時和裕子一起度過的令人珍惜的芬芳記憶就悠悠醒轉過來了。

【正負兩面能量都需要】

以前我女兒的口頭禪、行為、身上的氛圍等，都讓我感覺到母親及幼時的自己，令我非常不快。因此為了不要屈服於那種不快的心情，我努力「要愛我的女兒」。

那種想法完全改變了。

正因為我明白對我們而言，溫和與嚴厲兩方面都不可或缺的道理，所以對我那嚴厲母親的感情轉變成了愛。我覺得自己似乎了解了育兒絕對必要的真理。

哇～沒錯啦～～

我終於明白了——!!

我對那給我嚴厲、考驗的女兒感到憐愛！

所謂的愛並非是大多數人認為的「溫和、溫馨」而已，而是介於「溫和、溫馨」與「嚴厲、冷淡」之間。就因為明白這點，所以我也能欣然接受嚴厲的對待。

無法愛人的痛苦與愛人的喜悅我們都很需要……。我女兒也是其中一個配角，令人感謝。

對我而言，被愛的喜悅與不被愛的悲傷兩種感情都有其必要。我覺得是透過教養女兒教會了我這一點。

我女兒一歲時，抱著她我覺得異常沉重，然而現在女兒六歲了，體重是當時的兩倍，抱著她時我卻覺得「怎麼這麼輕！」。

我覺得女兒以前好像忍著不向我撒嬌，但現在已經不會再有那種感覺了。以前明明對我女兒感到強烈的愧疚，但因為那種感覺消失了，才讓我覺得撒嬌的女兒好可愛。

儘管現在覺得育兒好辛苦、母親以前好辛苦，但心裡卻都仍覺得好溫馨。既不會有罪惡感，也不再對自己感到失望。

諮詢課程結束後兩天左右，女兒對我說「媽媽諮詢課程結束回來後，感覺好好耶，經常會笑了」。觀察還真敏銳呢……（笑。

現在我可以由衷驕傲地感到我可愛的孩子是獨一無二的。

我覺得從今以後我可以悠然自得地教養自己的孩子了。

三十三歲，我終於可以脫離我母親獨立了。

我們的社會會把人們區分爲加害者與受害者，理所當然地譴責加害者。因爲他們相信不那樣做的話，人就會做壞事。

但是與其那樣以裁決與罪惡感來束縛他人與自己過生活，我們有辦法可以活得更加自由。

罪惡感會讓我們原本的光輝蒙塵，阻止我們原有的善良，是產生更多憤怒與傷害最大的原因。

例如，虐待與遺棄孩子的父母，會對自己的育兒感到強烈的罪惡感，也會在自己的內心深處否定自己。當那些父母在罪惡感消失時，就能從被逼到虐待與遺棄孩子的痛苦狀態解脫，釋放自己內心的愛，就能變得以愛對待孩子。

這裡面有著偉大的矛盾存在。

我們內心裡都具有被視爲所謂的「正面」部分與被視爲所謂的「負面」部分，兩者同等分量，每個人都是如此。被認爲是壞人的人與被認爲是好人及聖人的人也都是如此。當我們將某人視爲「壞人」與「好人」時，都只是偏頗地看到那人的其中一面而已。

例如，對你說話嚴厲的人，因爲促成了你的獨立，讓你重視你自己，讓你和某人變得親近，教導了你在人生中成功所必知之事，那也可以說這是一種良善的行爲。相反的，對你說話「溫和而溫暖」的人，因爲促成了你軟弱依賴，那也是種「殘酷的」行爲。

而所謂偉大的矛盾意指，所謂的「負面」部分否定自己本身，愈是逼迫自己「我得消除『負面』，只留『正面』才可以」，愈會做出被視爲是所謂的「負面行爲的事實」。反之亦然，你愈是深愛具有被視爲所謂的「正面」部分與被視爲所謂的「負面」部分兩面的自己，我們反而不會做出所謂的「負面」行爲。而德馬蒂尼法則及深度的心理諮詢療法是有助那種改變的有效援助法。

【有關孩子成長的糾葛】

孩子長大後終究還是會離開父母獨立，這讓我覺得矛盾而糾葛。

我對女兒既有「這種育兒的負擔要持續到何時啊……」希望她快點長大可以離開我身邊，也有「如果孩子離開我身邊，自己就會變得空虛而寂寞」希望尋求孩子的愛以證明自己存在的意義這兩種矛盾的心情。

既希望離開卻又想待在一起……。

「忍耐到孩子長大就好了。」
「有小小孩的父母，大家都這樣啦。」
「孩子離開的時間轉瞬就到了，現在是最佳的時間喔。」
「偶爾擁有自己的時間，轉換一下心情就好啦。」

類似這種表面的建議與在育兒書中的方法不太有幫助。

但由於我從根本化消了內心的傷痛，與孩子一起度過的寶貴時間變得非常充實，那是因為我已行有餘力的緣故。

而現在的我，更想、更想看到孩子高興的笑容。純粹給予的喜悅、送給她們人生禮物的喜悅、以及她們收下時的喜悅，我感到比以前充實了好多倍。

【與父親關係的變化】

小組諮詢課程後，我自行做了消除對父親的憤怒與恐懼的演練，是「家暴」中父親毆打母親的場景。

那是在我小學時發生的事，我記得我當時很害怕，所以自那以來，我就覺得「父親好可惡！媽媽好可憐！」開始把父親當壞人了。

但是當我去看那件事情的真相時，我想起是我選擇了覺得「可怕」的選項。

我發覺其實當我感到「可怕」時，心裡也有種與可怕等量喜悅的感覺。

父親與母親互相有了關連。

他們沒有無視、逃避對方，而是全心全意面對面交鋒。

那件事在我感到害怕的同時也感到高興，他們大聲斥責的聲音與互相衝突的樣子很刺激，也很令人亢奮。但是因為那種心情偏離母親認為的「正常」、「正經的人」，因此我不得不拋棄那種想法。

並且在那現場，我確實感覺到有不具實質肉體的東西在保護母親、扶持父親、保護當場的安全。

那裡是個沒有受害者也沒有加害者，有的是受到保護、互相共鳴、互相貢獻的世界。

但我選擇活在幻想的世界裡，因為我很享受對自己施予幻術，讓自己成為受害者。

因為我想沉浸在「悲傷」、「恐懼」、「憤怒」的心情中，以成為悲劇中的女主角，故而切割了當時看得清情況的雙眼。不過我明白將來有一天，我又能再度感受到世界的美好。

我想起了那件事。

【解說】

惠美小姐在這裡發現到的是，有關她父親與母親互相攻擊的場景，前一章我所傳達的問題4「對象在對你做出你所厭惡的行爲那一瞬間時，誰在爲你做與之相反的事呢？」（P.181）的答案。

亦即，當她父親受到猛烈攻擊的那一瞬間，有誰在保護他？還有當她母親遭到猛烈攻擊時，又有誰在保護她？

惠美小姐心裡進入自己目睹雙親在互相攻擊時的那一瞬間，然後她在好好觀察父母時，確信不具肉體的東西在保護自己的雙親。

再者，要回答德馬蒂尼法則的問題4時，要在惠美小姐找到無形物體前，先找出具有肉體的人（包含在現場的人與不在現場的人）。

若是有更進一步需要的話，可以擴展到動物、甚至是建築物、家具、書本、坐墊等無生物也無妨。

惠美小姐雙親的爭吵應該相當激烈，在那種有死亡危險與危機接近的場景，如果你能確信非肉體的存在（神、天使、死者的靈魂、守護神等等）在保護的話，把祂們當答案也無妨。

這是我在諮詢課程中注意到的其中一件事，因為母親對我說「真不該生下妳！」後，我對母親關閉了我的心，從而轉向尋求之前一直避開的父愛。

因此我才發覺父親也有溫和的一面，令我對男人的看法改觀，也才得以結婚生子。

以前我因為自己的女性取向像母親、男性取向像父親而討厭自己，又在心中感覺父母在吵架，所以下意識就認為「如果我站在任何一方，就得否定另一方」。

我心中明明有女性取向與男性取向，卻感到只能接受其中一方，故而我雖是女性身體，卻有種「我可以留在這個身體裡嗎？」的突兀感。

但因為現在對我父母感到了愛，就覺得自己性別中的男性取向與女性取向取得了平衡，我能感到「自己可以就這樣待在女體裡」。

並且以前的我自己擅自背負「得要填補父親的空虛、得代替母親照顧父親」的重擔，甚至一直對於未能充分彌補父親、敷衍父親而感到過意不去。

但是，有一天我察覺到了「啊、對了，我不再對父親感到過意不去！因為我沒再想要自己背負重擔了」，這個新發現讓我好開心。

現在我和父親的關係變得輕鬆多了。諮詢課程結束後，見到來訪的父親時，我覺得「爸爸的眼睛好好看」，這種事情還是頭一遭。

當我閉目沉思想起我父親與母親時，腦海裡浮現了他們的笑容，以前明明絕對無法想像他們的笑容。

【家人關係的變化】

以往我對那隱藏自己的真心而假裝是個好孩子的姐姐感到惱怒。

並且，姐姐對芽依（姐姐的孩子）的行為也讓我覺得煩亂。姐姐對芽依的教育看似正確，但其實那裡隱藏了「不可以像媽媽一樣」的恐懼，她彷彿想要壓抑對芽依的怒意而做「正確的教育」，但每當我看到她那個樣子時，內心就感到慌亂不安。

還有，芽依看著姐姐臉色的樣子，跟我們小時候姐姐在看母親臉色的樣子重疊了。目睹那樣的情景，我就覺得感到「我得有所行動」的壓力。

再者，我之所以在意姐姐的行為，是因為我想藉著注意姐姐的行為轉移我自己本身的問題。甚至我還看不起姐姐「明明我都接受了心理諮詢想努力解決自己的問題，姐姐卻都完全無意解決自己的問題」。

以前的我因為對姐姐有那種負面情緒，因而當她來我家時，我還有點不想讓她進來。她在時會讓我覺得緊張，她離開後我覺得整個人剎時筋疲力盡。

不過，在諮詢課程後，我明白了由於我姐姐幫我保持了平衡，我才能獲得最佳的成長，於是我變得對姐姐心懷愛與感謝了。

結果前幾天父親與姐姐前來我家，我不再感到不願意讓他們進來、緊張，他們離開後我也不再覺得整個人剎時筋疲力盡，就是很享受大家在一起的時光。

【對狗狗塔拉的愛】

我也對以前飼養的狗狗塔拉感到有罪惡感，因為我曾對汪汪吠叫的塔拉大聲斥責「你吵死了！」，還用力拍打牠的頭。自己也對塔拉做了被父母施加於自己身上的傷心事……我明明知道不可以那樣做的……。

「吠叫＝做壞事＝要受懲罰」是父母對我所做的事，因而我認為「那樣做很正確」。並且我之所以打罵塔拉是因為，那也是穩住內心全被佔滿而沒有從容餘力的自己的辦法。

看看我做了什麼好事。

我做了令人於心不忍的事。
我這個人最差勁了。

那是我對塔拉的罪惡感與自我否定。
我曾跟以前的心理諮詢老師一起細細感受當時的心情，然後「那也是沒辦法的事……」就這樣與罪惡感妥協了。雖然心情感到稍微輕鬆，但仍然有種內疚。
然而透過古宮醫師小組諮詢課程著手解決後，那種罪惡感不再是「沒辦法」、「原諒」的體現，而轉化成了愛與感謝。
因為我發現正因為我對塔拉很兇，所以我姐姐就對塔拉很好。在塔拉的晚年，姐姐會把塔拉的照片寄給結婚後離開家的我，並告訴我塔拉的近況。正因為我對塔拉很兇，結婚離家後沒再管牠，所以姐姐就給塔拉滿滿的愛與溫柔。
我不再感到有罪惡感。
於是，我對塔拉的愛比以往任何時候都還多了。
塔拉以前是我多麼重要的支柱啊……。

某天，我父母曾因為我而大吵了一架。憤怒的母親離家出走後，隔天回來拿她的行李，我聽到母親乒乒乓乓整理行李的聲音，她的憤怒深刻地傳達過來。我想起以前母親所說「都是妳們害的！」，我一個人蹲在洗臉台旁哭泣，自責「是我害媽媽要離家出走了！」，忍著無可比擬的恐懼。那時，我感到不應該在那裡出現的塔拉看著我被淚水浸濕的膝蓋。

塔拉總是會在我哭泣時舔舔我的腳來安慰我。我蹲在洗臉台旁，感受到塔拉的背脊，在也許會被母親拋棄的恐懼中，同時也感到療癒。

塔拉沒有學會什麼把戲，所以我一直看不起牠是條笨狗，但是牠是隻能感受人的心情、療癒人心、連繫人與人之間感情的可愛小狗。

啊、那就是我自己！因為我不像姐姐一樣聰明、優秀，故而感到自卑。我把自己與塔拉重疊在一起，才會看不起不會耍把戲的塔拉。但現在我的自卑感已經消失，我明白我就像塔拉一樣，能了解別人的感受、療癒別人、連繫人與人之間的情感。

我想正因為我找到了對自己的愛，也才能對塔拉感到有愛。

【對身體愛的回饋】

我曾在職場恐慌症發作。

有一天我上司對同事所犯的錯大動肝火，「沒有我也沒差！」大發脾氣後也不管還在上班，就驅車離去。

那名上司平日就會言語霸凌部屬，是個易怒之人。現在回想起來，我當時都面帶笑容自告奮勇去安撫沮喪的同事。我把母親與那位上司重疊在一起，下意識相信「只要我面帶笑容忍耐的話，就能留住家人的感情」。

當我的上司跑出去時，我母親離家出走的場景掠過我的腦海。

「都是我害得媽要離家出走了！」

我感到了強烈的不安。但那一瞬間，因為同在職場的上司太太呼吸變得過度急促，我記得於是我自己振奮精神想說「我得冷靜！我得好好保護大家！」就變得異常冷靜。

隔天，那名上司沒有任何辯解與道歉。「為什麼!? 給我們添了那麼大的麻煩！從今以後，我們也得像這樣當作什麼都沒發生過嗎!?」我感到怒不可遏，在那同時我也感到自己的無力，並嚴加自責。然後等我意識到時，我已無法呼吸而昏倒。

當我意識朦朧時，我記得自己清楚地意識到「這是我和媽媽關係的再現，我還是得面對才行」。

因為這次的事我辭職了。在那之後，每次我經過公司附近時，都會湧上一種心悸、不安、焦躁感，之後也隱約感到有所內疚。

不過真正最痛苦的是要一直持續扮演「好人」的角色，雖然那是我自己自告奮勇要扮演的角色，但除此之外，我找不到自己存在的意義而痛苦異常。

我對先生家人也努力要演好「好媳婦」的角色。因為恐慌症發作而辭掉工作的我，非常害怕被認為是個「內心脆弱的無用之人」而被他們討厭。

但實際上當我哭訴因恐慌症發作而辭掉工作一事，反而拉近了與先生家人心中的距離。因為我敞開心扉說了此事，所以看來一向溫和完美的婆婆也對我訴說了她的煩惱。婆婆實際上也有一個無法癒合的傷口，在那之前我非常仰慕像婆婆那樣完美的母親，下意識地裁定自己「也得像婆婆一樣」，但由於辦不到而受自卑感所苦。我記得當我知道婆婆也有內心創傷後，自己鬆了口氣想說「我並沒必要努力追求完美啊……」。

並且正因為那次恐慌症發作，我才好好地照顧自己的身體，才生了第二個孩子。假如那名上司老闆是個和藹的人，我沒有恐慌症發作而正常工作的話，我應該會放棄生第二個孩子吧。

面對自己會讓人感到非常害怕，我想是因為我恐慌症發作，逼迫我得正視與母親的關係，才能慢慢做了要面對的心理準備。我明白那名前上司與恐慌症的發作是讓我學會自己照顧自己、珍惜自己、恢復我原有的面貌、生下第二個孩子所必需的恩人。我感謝我的前上司、也感謝恐慌症發作。

並且在辭職後，我感到「明明大家都在受苦，卻只有我一個人從那裡脫身……真抱歉……」。因為我還在工作時，總是經常感到那名前上司與他太太內心有受過傷痛。

但是，假如我就那樣當作好似什麼事都沒發生而繼續工作的話，也不會有任何人過得幸福。

現在我即使經過以前的職場附近，也不會再感到心悸、不安與焦躁。看到大家的車子在那裡，甚至還會覺得有點溫馨。

一直以來真的非常、非常感謝大家。

我現在明白以往在那職場之所以大感拘束、不安、痛苦的原因在於對母親那還未能解決的情感。我從與母親的關係中學到，活得像自己「也事關對方的幸福」。

【夫妻關係的變化】

以前的我經常對先生的言行感到怒不可遏。

「你幹嘛不這樣做？」、「通常應該要這樣做的！」。

我現在明白我是想藉由強加「正確」的觀念、說出自己的慾望、隨心所欲地支配來感受無法從父母那裡得到的愛。

我的怒火也是對先生愛的考驗。

「我就是這麼壞的人！這樣你還會愛我嗎!?」

當我忍不住要確認先生的愛時，就會故意傷害他，但同時我也害怕被他拋棄而會討好他。

在那種分裂的情緒夾縫中擺盪，令我異常疲憊。

然而，不論我先生如何按照我的委託幫我做事，我都覺得不滿意，一件件都讓我很在意。

我把對母親的心情轉而朝向先生，因而讓我怒火中燒無法自己，還有我先生替我做任何事都無法令我滿意的空虛。

「我這個人只能建立這種夥伴關係，這不就跟我那不合的父母一樣嗎……」我對自己大失所望。

我對我先生也感到有罪惡感，娶了這樣的我，只能說他倒楣……好像我在欺騙他似的……。

我向先生吐露了自己內心的傷痛，我們一起思考、煩惱、痛苦、面對該如何是好。

我先生全面支持我，但我也感到「要他陪我這種沒用的人，實在過意不去」這樣的罪惡感。

有時我們夫妻也會一起接受心理諮詢。漸漸地我的心情變得有些從容，但即便如此，我還是無法控制滿溢的怒火，我感到無奈且無力。

然而諮詢課程結束後情況完全改觀了。

一直要求別人給予的我有了餘力付出，我變得不再執拗與嫉妒，能夠純粹地在旁支持先生的喜悅與快樂。於是我們互相都變得很輕鬆，成了我們理想中的夫妻，並且對理所當然的日常生活湧現了一種深深的感激之情。

例如「先生每天回家來」。

兒時的我，對「爸爸什麼時候會拋棄我們離開這個家呢」感到極度的不安。而我先生每天都會回家來，一起圍著餐桌吃晚餐。看起來似乎乃是理所當然之事，對我而言卻像是奇蹟一般。

但是，我之所以變得能夠這樣感謝微不足道的日常生活，都是因為我在一旁看到父母親的痛苦。正因為經歷過痛苦，才能在每天的生活中感受到亮光，才能活得豐富而多彩。

對此我非常感激。

我在寫這篇文章的此時，我先生正在溫泉會館度過他一個人的悠閒時光。我先生傳簡訊告訴我，以前他一個人在外悠閒時總會覺得愧疚及擔心家裡的事，但自從我參加諮詢課程後，由於我的情緒得到滿足與安定，他現在能玩得前所未有的輕鬆無慮了，那也令我很開心。

【以建議為導向的心理諮詢】

我以前去過本地的心理諮詢室，那是以建議為導向的心理諮詢，諮詢的醫生建議我「和妳媽媽保持距離看看如何呢？」。

那時我身邊並沒有人可以那樣建議我，因此我感到很高興有人可以理解我「不孝順父母不行，但跟他們在一起讓我好累，跟他們見面讓我好痛苦」的心情。

但我現在明白其實接受那樣的建議讓我感到很悲傷。

「我以為這個人會懂我的心情，但畢竟他還是不懂。」

因為那要藉由營造一種快樂的心情，讓自己不去感受那種悲傷。其實我原是希望醫生可以明白「我那無法愛我母親的痛苦與對活著的罪惡感」。

並且我敬重那名醫生是位「了不起的人、了不起的心理醫生」，因而下意識地以他的價值觀來裁決自己。我對那件事感到侷促不安與不信任感，覺得好像能讓我吐露真心但卻又無法道出內心深處的話。

如果那時我再繼續接受被動式的諮詢並聽從建議與我母親保持距離的話，我想我會被罪惡感壓得喘不過氣來。

「給予建議」乍看似乎是一件善意的事，但那同時也會加強「對方所言正確，自己的想法毫無用處」的信念，是讓自己更加依賴別人、持續往外追求答案的一種嚴厲的行為。

但是正因如此，我內心的聲音變得高八度了。

「不是那樣！不對！不對！」

「要怎樣才能解決這種痛苦!?要怎樣才能呼吸順暢!?我現在的經歷肯定對別人有所幫助！但到底要怎樣才能有助於別人呢……究竟要怎麼做才能抵達那裡呢……。」

正因為我認為「光靠建議無法有所改變！」，我開始重視我內心的聲音，開始尋找非以建議為導向的諮詢，採取更積極主動的做法。

而後我參加了古宮醫生所主辦的諮詢課程，透過那個諮詢課程，我從痛苦抵達了愛與感謝的境地。

我從與這位心理諮詢醫生的關係中，接受了和善中的嚴厲與嚴厲前的和善，在那當中我們互蒙其惠。

【諮詢醫師自己尚未解決的問題】

聽說這位諮詢醫師是在一個受虐家庭且非常惡劣的環境中長大。

「單單沒被殺就還算是好的了。」

這樣說的醫生對他父母感到憤怒與罪惡，一直認為自己是個受害者。

諮詢課程讓我變得充滿愛與感謝的幾天後，我去接受這位醫生的心理諮詢。

他對著「……我很開心!!」喜極而泣的我說「太好了！妳做到了妳想做的事了。真的、太好了」。雖然他替我高興，但我卻感到在他眼裡好似有著落寞。

我跟這位醫生吐露了接受諮詢課程當時無能述說的心情。其實我很討厭不能跟醫生述說自己的心情、我感到憤怒時，因為沒能得到醫生的共鳴而感覺不到醫生的憤怒，我為此生了醫生的氣等等，我們變成了可以坦白談論這些事情的關係。

諮詢醫師自己無法跨越的東西，前來諮詢者也難以克服，因為諮詢者會感覺到諮詢醫師自己的精神狀態。

這位醫生的諮詢並沒有從根本解決我的問題，但他是給了我人生中真正需要的禮物之人。正因為有這層關係，我才得以朝著我心真正所願的方向前進，才得以達成我想做的事。

那對對方而言一定也相同。

這名醫生的孩子還年幼，是位正值育兒當中的爸爸。聽醫生說的話，可以感覺他正體驗到育兒的難為，那是他對父母尚未解決的感情所產生的苦楚。這育兒所產生的苦楚，與他自己孩提時代的痛苦經歷重疊。不過雖然他承受了種種內心糾葛，似乎總算還是挺住了。在那當時，他遇見了「終結了受害者意識、滿心愛與感謝」的我。

那增加了他的人生選項。是否選擇該選項另當別論，不過我想我給了他很大的影響。

對這位醫生而言，與我的關係從今以後也會以無形的形式持續下去。我們對彼此都是因需要而相遇的人，因而在深層的意義裡並沒有錯誤、失敗等等。我察覺到這是一條看似迂迴的道路，卻又是一條必經之路。

感謝你給我如此多的和善與如此多的嚴厲。

我得以在感覺這一點的同時結束諮詢關係。

【心理諮詢重要的是不是被動而是要活用】

有困難時，我認為接受心理諮詢是一種明智的選擇。或許心理諮詢師當中，支援能力互有高低，但你與心理諮詢師之間存在的是「人與人之間的關係」，我想那裡會有累積彼此關係的尊重。

你也許會想說「就是因為不相信別人才去接受心理諮詢，哪知看了心理諮詢師後竟讓我感到更不相信人……」。

我們彼此都要謙虛以對，假如你重視這種心情，關係就會改變不是嗎？重要的是不要被動，而要活用，心理醫生與患者亦然。今後我也會繼續珍惜我與心理醫生之間產生的這種心情。

【我們會重複與重要的人之間的關係】

我茫然在思考，為何解決與一個人之間的問題後會在這麼多領域產生變化。

我們會在與心愛的人相處之間受傷、苦惱、把他的影像與他人重疊又再受傷，而後一而再再而三地問「為什麼？為何？」。我們會在與重要的人相處之間受傷，然後一遍又一遍重複同樣的人際關係。

我想那就像一個悲傷的孩子，在扮家家酒的遊戲中，一點一點地咬碎自己的心情般。

例如，聽說經歷過戰爭的孩子，會透過戰爭遊戲來整理發生在自己身上的事情的感受。

我覺得上述情況也符合與父母有過創傷經歷的孩子。

我大女兒經常以一個扮演母親角色的娃娃及一個扮演姐姐角色的娃娃來反覆回味感情的體驗，她會把自己當作娃娃來客觀看待自己，也會扮演母親的角色來訓誡扮演女兒的娃娃「不整理不行！」。

我在小學一年級時，就把對母親的情感投射在好朋友裕子身上，看來我大女兒似乎也在遊戲中做了與我相似的事。我看她自己在玩時就覺得她把自己內心的情感以遊戲來重現，自己也會創造出類似「明明就是這樣的媽媽比較好」、「如果自己是這樣的人就太棒了！」這種幻想的故事，然後一邊遊戲一邊安慰、整理、理解自己的心情。她似乎把自己投射到娃娃身上，如果能與自己保持距離就感到心情平靜，並且因為能隨心所欲地行動，就感到輕鬆舒暢的樣子。

【人與人會有互動關係】

人會在與別人之間受到傷害，但也會想在與別人之間得到療癒。

在諮詢課程中有引導師來支援我們，而正因為有引導師的存在，我才能面對自己的傷痛。

而當我最終滿懷愛與感謝時，我發覺「從一開始就沒有什麼傷害！」。

我想起我一直以為的「傷害」，其實是「為了彼此的成長而完美詮釋的事」。不論是「被別人傷害」亦或「傷害別人」，那一切都變成了愛的關係。我了解了自己與別人的一切關係，都是愛與被愛的結合。

我覺得與重要的人之間以往重複發生的關愛，現在也會重複發生、也會察覺、也會一樣樣再細細品味。

由於我面對了與母親之間的痛苦情感，轉而變成了對母親的愛與感謝，因此對以往相遇的重要之人感覺也有了變化。

【對自己本身感覺的變化】

以往如果感到自己內心有與母親相似的部分，我就會否定那部分的自己。然而，現在如果內心感到有母親的存在，我就會覺得好溫暖。

並且，我也變得不再在意自己的負面情緒了，因此，對兒時的感情也變得難再有反應。

我的行為模式中有種「不知為何總會惹人生氣」的特性，我在兒時下意識就會想惹我母親生氣，這也是我在諮詢課程中所察覺的。

為什麼我會想惹我母親生氣呢？

我非常討厭我母親只會自己進入妄想的世界，但當我母親生氣時，她就得離開那逃避現實的妄想世界，不會對過去悶悶不樂，也不會對未來感到悲觀，她「現在會待在這裡」一正視我的存在，我希望我母親走出妄想的世界。我發覺自己會在下意識裡，將惹怒母親的事重複施加在別人身上而惹別人生氣。

並且我以前都把女性與外貌當成武器，因為自我肯定感極低的我認為那是我唯一的武器。

然而，年過一年我長得愈來愈像我母親，那令我難以忍受，因為我雖然身為女性以外表當作武器，但在內心深處一直對自己身為女性及自己的外表感到自卑。

但現在，我對自己身為女性與容貌像我母親感到歡喜。

現在我可以肯定我的特性及特徵，對活得像自己相當有幫助！

我曾經畏畏縮縮而惴惴不安，總是看著母親的臉色。不過也正因為如此，我很容易察覺別人內心細微的變化。

也正因為為了掩飾我有口吃，我扮演了一個文靜可愛的女孩角色。多虧了口吃，我才能給人一種開朗、溫和的印象。並且也因為我有口吃，才養成了「那樣說比較好吧、這樣說人家才懂吧」這種多方思考説話方式與表達方式的習慣。並且，我才變得能夠顧慮到其他人想説卻難以用言語表達的心情。

那是為了細細察覺自己內心的變化、用言語表達、寫成文章、傳達給他人所不可或缺的東西。

要培養那種能力與開朗溫和的印象雖然會感受到痛苦，但它形塑了一個我。我以謙虛與感激的態度運用著我那種特性，我現在對於能與別人交談感到莫大的歡喜。

為了朝向自己的人生邁進，我們選擇了自己的特性而出生。周遭的環境、雙親、姐妹、之前相遇的人、今後邂逅的人都會一點一點、一個一個地珍惜與玩味自己的特性。

【對我而言真正重要的事】

以往我不明白對自己而言真正重要的是什麼，但在諮詢課程後我明白了就是這些。

①「內心悠閒地成長」、②「參與他人的成長」、③「與他人的連結」。

我覺得很符合。

【營造一個表達真心話的「地方」之經驗】

在我國中時期很流行自殘行為，我也曾用剃刀割過自己的手腕，我現在明白那時的我利用割腕當作「手段」。

我所屬的社團成員之間彼此都互看不順眼，氣氛糟到極點，每天社團活動的時間我都懶得去社團。

我想打破那種氣氛，想藉由傷害身體來傳達「別再傷我的心！」的訊息。

得知我割腕的社團成員聚集在社團辦公室裡，我們決定來好好談一談。全體社團成員圍成一圈坐在冰冷的瓷磚地上。

氣氛好沉重，社團裡鴉雀無聲。遠處傳來棒球社的聲音。大家都低著頭。然後，一個接一個說出自己「現在的想法」。

「沒想到妳那麼煩惱。」

「妳媽忍受生產的痛苦把妳生下來，妳要珍惜自己的身體。」

「如果妳有煩惱，希望妳來找我商量。」

這裡成了一個表達真心話的「地方」。

由於我們同在這個地方的契機，讓我們開始互相體諒對方，加深了我們成員間的情感。透過我的行為大家連結在了一起。

在進行古宮昇醫師的諮詢課程時，我突然感覺到點變成了一條線。

正因為是在之前覺得無顏見人而視而不見的事情中，以往看不到的人生目的、秩序、中心線才顯現了出來。這國中時的原始體驗讓我感受到「我現在就想要行動」的熱情，容我來傳達給各位。

【媽媽們可以開誠佈公的地方】

就在我女兒每天、每天在托兒所哭、鬧、給大家添麻煩的時候，我自己本身也因為種種內心的傷痛而感到痛苦。那段時間對我女兒與我而言都是非常痛苦的時期。

然而當我突然環顧四周，發現我的孩子與周遭的孩子們，全都因為母親自己心中壓抑的兒時創傷，而產生衝突與痛苦。

不過由於那種想法是位於心中下意識的部分，所以沒有人察覺到它。

「不可以那樣喔」、「你自己也討厭人家那樣對你吧」、「要跟朋友好好相處喔」。
試圖改變孩子朝向正確的方向。
我看到孩子的母親那樣的行為，
「為什麼大人都沒發覺？」
「為什麼看到卻假裝沒看到呢？」
就讓我想起小時候目睹過的情景。

我想改變這種狀況、改變我自己，於是我鼓起勇氣主動找女兒同班同學的母親們交談。
「我們可以圍成一圈來談談嗎？」
然後我一邊哭一邊盡力傳達。
「我因為害怕別人的眼光而無法真心與人來往，在我教養孩子的時候，那種自己的個性就會顯現而讓我感到痛苦。但是為了孩子我也想改變自己，所以我要跨越『媽媽』的框架，而以作為一名女性、一個人的身分與大家談談。」
這句話受到了大家溫暖的笑容接納。
從那時起，我感到大人間的關係與孩子間的關係更為深厚，氣氛也變好了。
我們大家圍坐成一圈，各自說出自己想說的話，營造出一個我們可以表現真實自我的

「地方」。

其中有一名只參加過一次媽媽聚會名叫純子的媽媽，她對與她父母的關係心存芥蒂。我只與她談過一次話，但當我在一年半後巧遇她時，她告訴了我這些事。

她說因為自己還不習慣教養孩子及與父母的關係讓她怒氣爆發，好多次都認為自己「已經到了極限」，但那時因為和我們這些媽媽的關係成了她的防波堤，因而夫妻一起設法渡過了難關。

她說：「即便發生了最壞的情況，還有惠美和大家在！一定有辦法的！」

那時我與母親的關係尚未解決，所以還沒有實際感覺到，說出自己的經歷與感覺會對別人有所幫助。不僅如此，我還後悔「單靠那鼓氣勢就說了一堆話，也許給大家帶來了不良的影響……」。

這件事讓我覺得「不成熟也沒關係，做我現在能辦得到的事就好。當時看不見的正面影響也會關係到往後出現的正面影響」。

【我真正想做的事】

猶如純子與我們的關係一般，即使我們不在同一個空間，即使時間流逝，那「地方」

依然持續存在。我覺得即便我們不再見面或不再有所聯繫，我們的關係依然會以看不見的形式持續下去，關係會持續下去的……。

「地方」會存在於人與人之間，真實的我與真實的對方相遇的「地方」。純粹相互有所連結的關係是種美，這種存在方式會影響在場的人，他們會產生相互的共鳴、相互的彌補而連繫下去。

在那「地方」之內，我們確實能感受到「它」的存在。

有時我們與他人之間會發生嚴重的事情，有時我們彼此之間也無法互相諒解。但我覺得就從那時起，我們一點點累積的溫柔之心，就會從此成長下去。

我喜歡看到女性開懷大笑聊天的樣子。

那也許是因為我曾看過母親獨自坐在窗邊，為了排解空虛，把自己關在幻想的世界裡臉上掛著空洞的笑容讓我感到不安、悲傷，但我卻無法讓母親開心而感到無力的經驗吧。

我想要充實地、悠閒地度過唯有現在才能與孩子在一起的時間；我想與別人產生共鳴、互補而有連繫；我想與別人分享人生的美麗與美好。為此，從今而後我也會感謝以往的人生，一步一腳印、做我現在辦得到的事。

【變得平靜而輕鬆】

現在我能對人生產生信任了，我由衷認為自己已經不會再有問題！心情的起伏變小、情緒也已經穩定，即使產生厭惡的感覺也能快速恢復，我現在可以心情平靜地度過平常的每一天了。

我得為別人付出的想法大為減少，彼此都輕鬆許多。我變得能夠向別人說出自己的真心話，也能夠展示真實的自己。於是朋友們也變得會跟我說出他們的真心話，並因此加深了我與他人之間的連繫。

還有，當我接觸美麗的事物時，也比以前更容易感動。我的感動增加了。

曾經的我，因為過往的內心傷痛，扭曲了自己眼前的現實，也生活在對未來「如果發生這麼糟的事情該怎麼辦！」的恐懼中。

由於我內心的傷痛已然治癒而成長，人生的景色看來完全不一樣，我儼然感到「現在這一瞬間，與過去的充實共同度過」。

不是「過去雖然痛苦但也無可奈何」，

也不是「過去雖然痛苦但現在過得幸福就好」，

而是「正因為有過去的痛苦，我的內心才更豐富、更幸福」。

【我看到了人生的美好與豐富】

過去的痛苦一旦化消，渾沌不明的人生就能看到美好的秩序。

「要幫孩子們做飯」，這麼平淡的行為之一，過去對我而言卻有著諸多內心的糾葛。以往我不明白為何只不過是做頓飯，會讓我那樣精疲力盡。

當時我沒有意識到，我為了維持我受害者的身分，必須壓抑「受到母親善待的記憶」。明明母親每天做飯給我們吃，也善待我們。我對那樣的母親懷有怒意一事感到罪惡感，也為無法接受母愛而覺得悲傷。

甚至，我內心還有一種「應該要這樣！」但卻無法達成的「良母像」。然而實際的自己並非良母，對無法體會育兒之樂反而覺得悲傷與憤怒、是個「壞媽媽」的自己感到強烈的自卑感。

育兒時，我下意識地壓抑自己別讓自己感受到那些情緒，內心的能量都用在這些諸多的糾葛上。因此，只不過是做頓飯，就讓我那樣精疲力盡。

因為在諮詢課程中化解了我內心的糾葛，我變得可以看見眼前現實的真實面貌。在現在這一瞬間，我既能感到當下生活的豐富，也能感受過去人生的富裕。

「我最喜歡小惠美吃東西的樣子了。」

我想起了那時笑嘻嘻看著我吃東西的母親。

現在的我正細細玩味為孩子們付出的喜悅與過去得到母親為我付出的喜悅。

前幾天我給母親傳了一張孩子們在吃可麗餅的照片，並附上這樣一封簡訊。

「以前妳經常買可麗餅給我們吃，妳還說妳最喜歡我吃東西的樣子了。我現在自己在撫養孩子，也深刻感受到了喔。正因為妳以前為我們的付出，我現在才有辦法為孩子們付出。謝謝媽給我這樣美味、幸福的回憶。」

我母親這樣回答我。

「謝謝妳還記得，但是那時候我還覺得有點內疚呢。因為那時我沒在工作，經常外食會讓人產生一直在玩的罪惡感。

我現在覺得當時由於自己是全職家庭主婦沒有收入，所以有種不安與焦慮的感覺。

因此，現在看到妳那麼開心地做給孩子們吃，除了羨慕以外還有種放心的感覺，是那種不用焦慮的感覺真好的安心感。看妳們吃得那麼津津有味的樣子，現在還是覺得挺好的。」

以前無法想像母親竟然可以如此平靜地傳達她的情緒。母親按照她自己的步調在慢慢地、踏實地前進當中，我也為此感到高興。

我覺得由於我能愛我母親了，也終於好不容易可以允許自己愛自己了。

【要愛原有的自己】

「我」意味著至今走過的路程。

愛上那路程的過程，不僅是了解我內心的世界、也是我意識到周遭的人那麼豐富的過程。崎嶇的道路、平緩的道路，沒有所謂哪種道路致勝或哪種遜色。無論你選擇哪一條路，必定會抵達真實的自己。

當我一邊心神動搖、一邊猶豫不定、迂迴再迂迴後，突然意識到。

不論我在做什麼、亦或我沒在做什麼；不論我是被別人壓抑、亦或是被自己壓抑，我一直重視自己的本意而一路至今。

我內心綻放的光亮、我至今依然生存的喜悅。

能意識到這一點，是我人生被給予的、大大的恩惠。

你要接受身邊之人的支援，要善用諮詢課程、心理諮詢、心理療法來積極化消尚未解決的內心傷痛。我認為為了與周圍的人和諧相處、過得像自己、活得更為富足、且為了步上一條平和之路，那是極為睿智的選擇。

我們每個人走過的人生、有過的經歷、看過的風景都是獨一無二的。我透過育兒、與母親的關係、面對內心的傷痛，現在才得以剛步上讓自己感到「過得像自己」的人生。

這是我的故事，我想同時這也與曾經身為孩子的所有大人們都有連結的普遍的故事。

不論什麼樣的父母都愛自己的孩子，不論什麼樣的孩子都愛自己的父母。

愛自己就是愛這個世界。

並非是這個世界改變了、也並非是周遭的環境有所改變，只是現在的風景看起來改觀了而已，我明白了世界真的很美好。

我確定明白的是，現在活著真好！

【解說】

被稱爲「現代哲學家」的德馬蒂尼醫生說「人的經歷，不存在不能感謝的事」。對某人的憤怒、與某人之間所背負的內心傷痛、失去某人的悲傷、對自己的罪惡感與自卑感等諸類痛苦的原因，別將它們視爲「原諒」、「無可奈何」而擱置，那些痛苦可以從根本上解決。而「愛與感謝」就是根本的解決方案。那時你就可以不受他人支配、不受他人左右，得到眞正的自由。當那些痛苦得到解決時，你的生活會變得輕鬆、人生會變得光亮。

後記 人際關係是能讓你具體表現「愛的本性」的機會

謝謝大家接受我所傳達的訊息。

最後我要告訴大家極為重要的事。

我認為人際關係的目的是幫助我們成長，我們愈是成長，就愈能散發自己的光輝、感受生命的意義與充實、歌頌人生的豐富。

我想人際關係是幫助我們得以如此的最佳方法。

最容易令人了解這意義的便是婚姻（包括同居等，與他人親密且長期的關係）。很多人認為結婚就能變得幸福．快樂，所以結婚。但是結婚的目的並非就是幸福．快樂，於是失望就會隨之而來。

「不應該是這樣的」、「沒想到他是這樣的人」、「結婚後這個人就變了」……。

結婚的目的不在幸福．快樂，**而是為你的成長提供最佳良機。**與他人建立長期而親密的關係是你最佳的成長機會。

那機會所提供的東西之一便是讓你心中那基於過去的傷害所形成的下意識信念浮現出來，以便可以治癒與改變。

讓那基於過去的傷害所形成的下意識信念浮現出來意味著何意？

假使你不認同本身的價值，與一個不重視你的人結婚，而被配偶粗暴以待的形式讓你的自卑感浮現出來；亦或你配偶的言行令你覺得被輕忽。

假使你都以別人的需求與期望為優先而不重視自己，因配偶的期望與要求而筋疲力盡，最終你的心理或身體就會每況愈下。很明顯你活得不尊重自己，就會被迫停止那樣的生活方式。

假使你的內心有責備自己的意念，那你的配偶就會責備你；或是明明自己無意責備配偶，卻感到配偶在責備自己。

假使你懼怕自由而過得不自由，你的配偶也會試圖束縛你。那時你就會因「都是配偶害我過得不自由」而感到不滿。你也在試圖束縛你的配偶……。

雖然我以婚姻為例，**但所有人際關係的目的本質都相同，同樣提供我們成長的機會。**

人際關係讓我們意識到自己內心的痛苦情緒與信念，那是人際關係嚴厲與冷酷的一面。

但藉此你可以得知自己的痛苦情緒與信念，讓你獲得治癒它的機會。

人際關係也提供幫助療癒及改變。

那是人際關係溫和與溫暖的一面。

當你善用「嚴厲、冷酷」與「溫和、溫暖」兩者來治癒你的痛苦情感與信念而成長時，就能找回原來美好的你，過上神采奕奕、充實與更為豐富的人生。

因此我們都需要「嚴厲、冷酷」與「溫和、溫暖」兩者。

並且一直都會有人給予你「嚴厲、冷酷」和「溫和、溫暖」。

我們往往會將給予自己「嚴厲、冷酷」的人稱為「壞人」，將給予自己「溫和、溫暖」的人稱為「好人」，但其實這兩種人我們都需要。

人際關係也會給予我們具體實現自己愛的本性的機會。

它會給予我們幫助那些需要幫助之人的機會，相反的，為了不讓別人依賴你而變得軟弱，它也會給予我們保持距離守護他人的機會；它會給予我們給人溫暖的話語與眼神的機會，相反的，它也會給予我們以嚴厲的話語促使別人獨立的機會。

它會給予我們帶給別人歡笑與笑容的機會，相反的，為敦促自己致力於對自己有用的事物，它也會給予我們獨處的機會。

當你明白那是出於對他人的愛而提供的機會時，意味著你有意圖走向意識進化的道路。

所謂「意圖」不是指之後回首才意識到自己已經成長、或沒意識到自己已經成長，而是指自己決定想成為什麼樣的人而成長為那樣的人之意。

並且，我們會收到自己付出給別人的東西。

例如，我不建議虐待別人，並非是因為虐待別人的人是「壞人」的原故，而是因為當你在虐待別人時，反而是在傷害自己。

同樣的，不制止虐待你的人而持續讓別人虐待你，等同是在告訴對方「你可以虐待我沒關係」，那就是允許對方繼續傷害他・她自己。

阻止虐待是對自己與對方愛的體現，事關我們的成長。

因為我們會收到自己給予別人的東西，所以自己若想快樂，就要讓別人得以快樂；如果想讓自己放心，就得讓別人放心；如果你想要有朋友，就要讓自己成為別人的朋友；若你想在經濟上變得富有，就要在不勉強的情況下盡己所能讓別人變得富有。

而給我們這樣機會的也是人際關係。

也許你可能討厭人際關係。

但假設你生活在一個沒有人際關係的世界裡，那就像是個沒有其他隊友的孤單的棒球選手。

不論你自認為每天擺出架勢、漂亮地揮動球棒，你絕對無法知道自己能打中多少球。

既無擊球的喜悅也無三振的悔恨。正因為有個投出令你無法擊中之快球的投手，讓你感到挫折你才會精進。

正因為別人不只給予我們「溫和、溫暖」，也給予我們「嚴厲、冷酷」，我們才得以成長。

我在本書傳授了你為了成長如何善用人際關係的方法。請務必反覆使用。

愈是從渺小而諸多限制的自己成長，愈是能活得綻放光輝、感受人生的意義與充實、歌頌人生的豐富。

我為你加油。

——光輝心理諮詢室代表　**古宮昇**

參考文獻

p32（1）Jersild, 1955, p.35

p34（2）Jersild, 1955, pp.12-13, p.37

p35（3）Jersild, 1955, p.v, p.13

p38（4）Jersild, 1955, p.159, p.160, p.169, p.182

p38（5）Jersild, 1955, p.148

p43（6）Jersild, 1955 pp.157-158

p57（7）Jersild, 1955, p.162

p57（8）Jersild, 1955, pp.171-172

一直以來，都沒有好好擁抱自己：從負面情緒找回與人相處的自信 / 古宮昇著；
饒麗真譯. -- 初版. -- 臺北市：八方出版股份有限公司, 2023.04
面；　公分. -- (the ONE ; 70)
ISBN 978-986-381-234-0(平裝)

1.CST: 人際關係 2.CST: 心理創傷 3.CST: 心理治療

178.8　　　　　112002977

2023年4月26日　初版第1刷　定價390元

著　　者	古宮昇
譯　　者	饒麗真
總 編 輯	洪季楨
編　　輯	陳亭安
封面設計	王舒玗
發 行 所	八方出版股份有限公司
發 行 人	林建仲
地　　址	台北市中山區長安東路二段171號3樓3室
電　　話	(02)2777-3682
傳　　真	(02)2777-3672
總 經 銷	聯合發行股份有限公司
地　　址	新北市新店區寶橋路235巷6弄6號2樓
電　　話	(02)2917-8022．(02)2917-8042
製 版 廠	造極彩色印刷製版股份有限公司
地　　址	新北市中和區中山路二段380巷7號1樓
電　　話	(02)2240-0333．(02)2248-3904
印 刷 廠	皇甫彩藝印刷股份有限公司
地　　址	新北市中和區中正路988巷10號
電　　話	(02)3234-5871
郵撥帳戶	八方出版股份有限公司
郵撥帳號	19809050